Generis
PUBLISHING

GESTIÓN DE COSTOS Y STOCKS EN SALUD

PILARES ESTRATÉGICOS PARA LA EFICIENCIA

Diego H. Parra

Title: **GESTIÓN DE COSTOS Y STOCKS EN SALUD**

PILARES ESTRATÉGICOS PARA LA EFICIENCIA

ISBN: 979-8-89966-331-4

Author: Diego H. Parra

Cover image: AI Generated

Publisher: Generis Publishing
Online orders: www.generis-publishing.com
Contact email: info@generis-publishing.com

GESTIÓN DE COSTOS Y STOCKS EN SALUD

Pilares estratégicos para la eficiencia.

Palabras claves: Gestión de stocks en salud, Costos ocultos, Triangulo de costos en salud, Modelo PxQ, Compras hospitalarias, Costos por servicios.

TABLE DE CONTENIDOS

Agradecimientos

La culminación de este trabajo, centrado en la importancia del uso de las herramientas de gestión de costos y los stocks de insumos médicos como base para la sostenibilidad del sector salud, no habría sido posible sin el apoyo y el conocimiento compartido de personas e instituciones claves.

Mi más profundo reconocimiento se dirige, en primer lugar, al ámbito que ha servido como fuente de inspiración y aprendizaje: la Clínica Pergamino. Agradezco sinceramente al Directorio por abrirme las puertas y permitirme ser parte de este equipo que tiene el rol trascendente de llevar adelante la gestión sanitaria de una institución tan importante.

De manera particular, extiendo mi gratitud a los Dres. Ricardo Izquierdo y Mauricio Lambertucci dos grande profesionales y amigos, gracias por su invaluable tiempo, por compartir sus experiencias y sobre todo por sus consejos.

Finalmente, el apoyo más grande e incondicional proviene de mi círculo personal. A mis padres Polo y Mary, a mis hermanas Vale y Cari quienes creyeron en mí y con muchísimo esfuerzo hicieron posible este sueño. A mi familia, mis compañeros de la vida, mis amores, Ana y Facu, gracias por el tiempo que me brindaron, por la paciencia durante los fines de semana y las largas jornadas para armar estos párrafos.

Luego de más de dos décadas en el sector, es mi deseo que este libro sea un humilde, pero valioso aporte para tomar conciencia acerca de la necesidad de gestionar de forma más eficiente la administración de las organizaciones, que tienen la noble misión de cuidar la salud de las personas. Gracias por acompañarme en este propósito

Introducción

El sistema de salud argentino atraviesa desde hace años una crisis significativa, producto de una compleja interacción de factores macroeconómicos, políticos y sociales. Sin embargo, una variable interna, igualmente crítica y a menudo subestimada, contribuye de manera determinante a esta problemática: la administración interna de las organizaciones de salud. La mayoría de las instituciones del sector sufren actualmente déficits económicos alarmantes y se encuentran en una situación de riesgo de colapso.

Esta situación se agrava notablemente por la inexistencia o el uso inadecuado de herramientas sólidas de gestión. Limitando la capacidad de los directivos para tomar decisiones informadas, esenciales para la supervivencia institucional. Como resultado, es casi imposible medir la eficiencia en el consumo de recursos, monitorear presupuestos, negociar convenios de manera estratégica, controlar costos ocultos o analizar el rendimiento de los servicios médicos. La falta de información indispensable en la gestión se convierte así en un agravante adicional a la ya difícil situación que atraviesa el sector.

A lo largo de las últimas dos décadas, esta realidad crítica, marcada por retrasos arancelarios, restricciones presupuestarias y elevados índices de inflación, ha obligado a las organizaciones a buscar nuevas estrategias de gestión para mitigar los efectos adversos y asegurar la continuidad de la prestación de servicios. Un elemento clave en este contexto es el incremento exponencial en los costos de adquisición de insumos médicos, cuya participación relativa dentro del costo total de la prestación no ha hecho más que aumentar.

Por ello, en estas líneas se destacará la importancia fundamental y los beneficios tangibles que genera la implementación y el uso adecuado de los sistemas de gestión en el ámbito sanitario. En particular, sobre los costos e insumos hospitalarios con el objetivo de optimizar la eficiencia económica y disminuir los costos ocultos, garantizando la disponibilidad de medicamentos necesarios para el acceso ininterrumpido a los tratamientos médicos.

Para lo cual, se ha realizado un trabajo descriptivo-explicativo que busca fundamentar las causas de la problemática actual y comprender cómo impactan negativamente en la gestión de la administración interna. Se expondrán las funciones claves y las herramientas operativas necesarias para lograr una gestión eficiente de recursos, subrayando las ventajas de su aplicación en los ámbitos público y privado de la salud.

Este enfoque es crucial para transformar el riesgo actual en una oportunidad de sostenibilidad y eficiencia en la prestación de servicios esenciales.

Problemática de los sistemas de costos en el sector salud

En los últimos años la problemática del sector privado de salud se ha acentuado en forma exponencial, y se ha profundizado luego de la pandemia del año 2020. Como consecuencia de la mala gestión de los recursos, la gran dependencia del Estado, la falta de poder de negociación, la imposibilidad de ser formadores de precios, la ausencia de políticas de salud a largo plazo, entre otros, han puesto en jaque al sector, afectando tanto a los prestadores públicos como privados.

La Ley Emergencia Sanitaria[1] ampara legalmente la precaria situación de numerosos prestadores, pero solo ofrece un paliativo a quienes se encuentran al borde del colapso. Esta normativa no aborda las dificultades estructurales del sector y, en esencia, permite la supervivencia de entidades solo por medio de esfuerzos y acciones de carácter individual.

El Estado se encuentra presente no solo a través del servicio público de salud, sino que además es el encargado del financiamiento de las obras sociales nacionales y provinciales. Esto refleja una clara dependencia del mismo. Se suma a lo anterior la regulación actual de las EMP (Empresas de Medicina Prepaga) limitando los aumento de aranceles de acuerdo a una escala determinada por el ICS[2] (Índice de Costos de Salud). Finalmente el sistema de seguridad social ha perdido participación en la financiación del sector debido a múltiples factores, podemos destacar como ejemplo principal el aumento del desempleo o caída del empleo formal.

Como se observa en el grafico 1, desde el año 2020 el retraso arancelario acumulado con respecto a la inflación y a los costos, determina un significativo desfasaje que impide absorber la totalidad del costo de prestación.

---

[1] Ministerio de Justicia de la Nación (2002). *Emergencia Sanitaria Nacional.* Decreto 486/2002.
[2] Ministerio de Salud (2022 – 2023). *Índice de costos de salud. https://www.argentina.gob.ar/indice-de-costos-de-salud-historico-anos-2022-2023.*

Gráfico 1. Inflación, precios de módulos y costos médicos de ADECRA + CEDIM

(Tasa de crecimiento interanual)

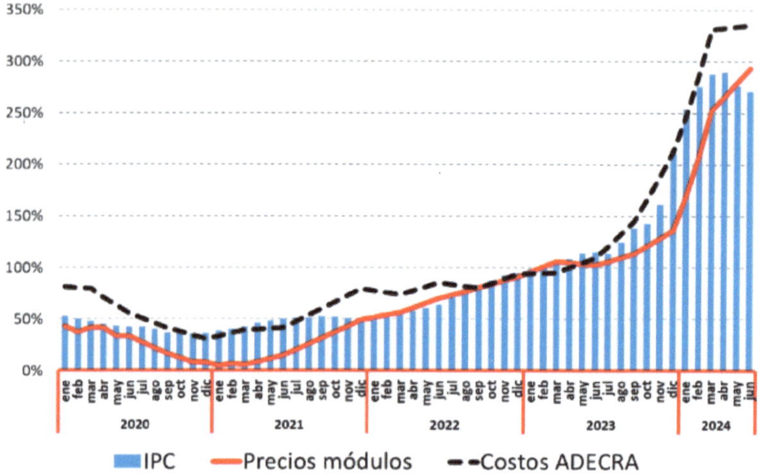

Fuente: elaborador por ADECRA en base a INDEC, Comisión de Administración y Departamento de Estudios Económicos de Adecra+Cedim, 2024

La persistente inflación de los últimos años ha encarecido significativamente los insumos médicos, elevando los costos operativos. Dado que los ajustes en aranceles y módulos de las prestaciones no han seguido el mismo ritmo, se ha consolidado una brecha de rendimiento negativo que, al día de hoy, resulta irreversible.

La actualización del Convenio Colectivo de Trabajo[3] se convierte en la principal variable en la estructura de costos, la mano de obra intensiva del sector impacta directamente en el costo fijo del servicio, resultando superior al 70%. Situación que determina que la eficiencia y la productividad de los prestadores deben ser elevadas a los fines de su cobertura.

Se suma a esta situación el ciclo de cobranzas del sector, donde el costo financiero por las dilaciones en los pagos de los financiadores ha llegado a superar el promedio el 10% mensual. Tener obligaciones corrientes a 30 días (sueldos, honorarios,

---

[3] Ministerio de Trabajo. *Convención Colectiva de Trabajo 122/75. Sanidad. Clínicas, sanatorios y hospitales privados*. 1975

proveedores, servicios) y cobros a 90 días o a 120 días (obras sociales nacionales y provinciales, seguridad social) sigue siendo un costo que absorben los prestadores en forma directa.

Podríamos entonces, delegar la responsabilidad en el contexto que enmarca al sector. Todas estas variables, afectan en forma directa las instituciones que brindan servicios de salud, no han podido ser abordadas en forma proactiva por quienes tienen el rol representativo de los prestadores de salud. La importancia que reviste el sistema de salud para el cuidado de la población no ha sido atendida tampoco por el poder político. Determinando una gran debilidad en la gestión del sector y una clara erosión de los recursos del sistema.

Los prestadores de salud se han convertido en actores pasivos de una realidad que han aceptado como tal, sin posibilidades y sin injerencia institucional - corporativa para poder modificar o ser parte de las políticas de salud a nivel gubernamental en todos sus estamentos.

En este marco, los sistemas de costos y control de gestión se han vuelto indispensables, a fin de que los aranceles/precios recibidos por las prestaciones puedan cubrir la inversión que demanda el servicio de salud. Esta situación ha derivado en una eficiencia extrema, que no todos los prestadores han sabido o podido llevar adelante, esto explica el cierre masivo de instituciones de salud con deudas previsionales imposibles de pagar, sin ningún tipo de subsidio, y con aranceles que tienen años de retraso con respecto a los aumentos de costos. Adicionalmente a lo anterior, los puestos gerenciales y directivos no han sido profesionalizados en su totalidad, aun muchos de ellos dependen de profesionales médicos (propietarios, socios) encargados de gestionar organizaciones de salud sin haberse capacitado en la materia.

Esta situación exige un monitoreo constante de la actividad, en la cual, el control presupuestario, los sistemas de costos y la gestión de los insumos médicos resultarán los pilares para lograr un desempeño más eficiente de las instituciones de salud.

Importancia de la gestión de costos en salud

El uso e implementación de sistemas de costos en el sector deriva en múltiples beneficios para la gestión de cualquier institución de salud: permiten la medición de la capacidad instalada, medir la eficiencia en el uso de los recursos materiales y equipos, control interno de los recursos humanos, materiales y financieros, análisis de la ejecución del presupuesto, gestión de costos por sector, por pacientes, por patologías, analizar el punto de equilibrio para cubrir los costos que generan las prestaciones del servicio, sirve de base para analizar y calcular el porcentaje de rentabilidad para cada uno de los convenios, resulta indispensable en la negociación con los financiadores en función de un costo objetivo, medir la productividad y eficiencia de los servicios intermedios y finales, generar información para la toma de decisiones en todos los sectores de la organización, presupuestar el impacto del ajuste del Convenio Colectivo de Trabajo y la inflación anual.

El análisis de costos en los prestadores de salud

La importancia de la implementación de los sistemas de costos hace necesario evolucionar a sistemas de información que permitan saber no solamente cuánto se gasta, sino también cómo se invierten los recursos, para determinar la eficiencia de los distintos sectores y procesos hospitalarios. Por tales motivos resulta fundamental que dicha herramienta sea considerada como base y pilar para la gestión y toma de decisiones

A pesar de las bondades y beneficios que aporta su uso la mayor parte de los prestadores de salud (monovalentes, polivalentes, públicos, privados), no generan información necesaria para calcular costos, lo cual deriva en un desconocimiento de las principales unidades estratégicas del negocio, como del costo día cama, paciente egresado, hora quirúrgica, gasto radiológico, costo por estudio (tomografía, ecografía, resonancia magnética nuclear, etc.).

Esta situación se ve más agravada en contextos inestables como los generados por una alta inflación o épocas de pandemia (COVID 19).

La falta de información hace que el cálculo de los costos se realice con un enfoque ad hoc, dependiendo la información disponible, por lo que la misma no se sustenta en bases objetivas, únicamente se considera información agregada (presupuesto global y actividad asistencial) o derivada del ejercicio económico.

Motivo de ello, el cálculo de los costos en aquellas instituciones que no desarrollan sistemas de gestión se convierte solamente en un dato relativo y de escaso valor.

Por otra parte, la implementación de sistemas de costos ofrece grandes posibilidades a la gestión hospitalaria, llegando a convertirse en una importante herramienta para la toma de decisiones. Este tipo de análisis permite conocer el costo y la productividad de los servicios en los cuales está estructurado el prestador, identificar áreas de ineficiencia económica dentro del centro de salud o incluso dentro de las propias secciones y, por tanto, valorar la eficiencia de la gestión de los servicios en general.

Adicionalmente, permite efectuar comparaciones entre distintos centros hospitalarios o entre secciones de los mismos. No obstante, para poder efectuar comparaciones entre centros y explicar las diferencias en los resultados se necesitan unos criterios homologados de imputación de los distintos conceptos de costos a los servicios finales. El gran problema a la hora de efectuar este tipo de análisis radica en la inexistencia de tales criterios.

Uso de sistemas de costos en prestadores de salud

Teniendo en cuenta la realidad del mercado de salud, las técnicas a aplicar deben estar basadas en la Teoría General de Costos[4] y además deben tener especialmente en cuenta la realidad que plantea la organización y su medio, las herramientas que dispone para la solución de sus problemas en materia de información, y los principios generales implícitos.

Teniendo en cuenta, que los costos tienen como característica común su relatividad[5] en tal sentido, "habrá tantas figuras del costo cuantos sean los objetivos que se persigan con su determinación" (Giménez, 2002).

Hoy día se encuentran instrumentos para la gestión y manejo de los costos que pueden cumplir con los requisitos de información, y combinan las técnicas más acertadas en la asignación de recursos con el análisis de procesos y actividades. Es por ello que según cada vez toma más fuerza en este sector además del Costo por Área o Servicios, la utilización de metodologías tales como el Costeo Basado en Actividades ABC (Activity Based Costing), Costos por Protocolos o por Ordenes, Costos por Procesos, Costos por Pacientes o Patologías y (GRDs) Grupos Relacionados de Diagnostico (Duque Roldan et al., 2009)

En tal sentido, deben analizarse los costos al momento de la búsqueda de la técnica que más se adapte a satisfacer las distintas necesidades de información. Se reconoce que para la construcción de un sistema de costos se requiere considerar en primera instancia la estructura organizacional del centro, los procedimientos médicos empleados y el tipo de información de costos hospitalarios deseados

Por tales motivos, teniendo en cuenta la relatividad de los costos, existen diferentes sistemas aplicar a los servicios de salud. Dado la situación del contexto actual nos enfocaremos en el enfoque tradicional como base de implementación, para la concientización de la importancia de su uso y punto de partida para el desarrollo de sistemas de costos más avanzados.

El resto de los sistemas requieren exigencias de información más complejas que permitan registrar los costos para cada uno de los pacientes, patológicas, servicios,

[4] Cartier, E. N., & Osorio. M. (1992). *"Teoría General del Costo. Un marco necesario"*. Evento Científico Contabilidad, Finanzas y Auditoria en el Proceso de Integración Iberoamericana, La Habana, Cuba.

[5] Giménez, C. M. y colaboradores. (1995). *Costos para empresarios*. Buenos Aires. Ediciones Macchi.

consumos, etc. además requieren de la determinación de las cantidades de bienes y servicios consumidos por cada paciente durante el proceso.

Es por ello que, la aplicación del sistema de costos por servicios y de los costos unitarios, no reemplazara al resto de los sistemas sino que a partir de su implementación se construye una nueva dimensión de análisis de la producción.

Otro aspecto sobre el que hay que trabajar fuertemente es la promoción de la cultura de costos al interior de las empresas, para que los diferentes niveles de dirección comprendan la importancia de hacer un monitoreo permanente al comportamiento de los costos de su unidad y con ello mejorar la gestión y los resultados. Nada se lograría con que las entidades encargadas de la vigilancia y control en el sector definan claramente el sistema de costos a aplicar y los prestadores inviertan una cantidad considerable de recursos en su implementación, si finalmente ésta información no es utilizada de forma adecuada.

Desarrollo e implementación de un sistema de Costos por servicios o áreas

Estos sistemas son denominados o conocidos como métodos tradicionales, donde el foco del análisis se ubica en los servicios, departamentos, centros o sectores. La aplicación del sistema de costeo tradicional[6] aceptado por la contabilidad financiera, tiene validez en el sector salud ya que considera que el recurso de la mano de obra directa y los materiales directos son los factores de producción predominantes. Bajo este enfoque de costeo, los costos indirectos de fabricación, se asignan a los sectores o productos usando para ello bases de distribución que reflejen el consumo, como metros cuadrados, horas de mano de obra, o el número de empleados, para distribuir el costo de forma proporcional al uso que cada servicio o departamento hace del recurso. Las organizaciones son divididas en centros de costos de acuerdo a los organigramas y estructuras departamentales. Como resultado, se obtienen costos totales por áreas o centros de costos en un periodo determinado. A partir de ello se calculan los costos de las unidades producidas o de la actividad cumplida en cada una de esas funciones. El costo unitario de cada producto elaborado (o unidad de actividad realizada) en cada uno de ellos se obtiene con especificaciones técnicas de costos directos asignables a cada unidad, y utilizando bases de prorrateo o distribución (jornales directos, horas hombres, distribución de personal, etc.) para la asignación de costos indirectos.

A pesar de las bondades y los beneficios de la aplicación de las diferentes herramientas de costos, la realidad actual de los prestadores públicos y privados muestra un escaso uso y desarrollo de las mismas.

La base de implementación de estos sistemas parte de la clasificación de los elementos del costo[7] según Balanda (2005):

a) Materiales o insumos directos: aquellos insumos (medicamentos, descartables, insumos, etc.) suministrados al paciente durante el proceso de atención médica.
b) Mano de obra directa: remuneraciones, cargas sociales, honorarios, etc. del equipo de salud.
c) Costos Indirectos: corresponden al resto de los gastos en los que incurre una institución para atender a un paciente sin que se incorporen físicamente en ellos.

[6] Instituto Internacional de Costos. (s.f). *Sistema de Costeo ABC versus Costeo Tradicional como herramientas estratégicas para la determinación del correcto margen de los productos de empresas multiproductoras y en el apoyo al control de gestión de actividades.* IIC. https://intercostos.org/documentos/congreso-08/300.pdf

[7] Balanda, A. T. (2005). *Contabilidad de costos. - 1a ed.* Posadas: EDUNAM. Editorial Universitaria de las Universidad Nacional de Misiones.

Los cuales resultan de difícil afectación directa, por lo tanto se aplica sobre las bases de distribución. Además, se caracterizan por su diversidad y heterogeneidad de sus componentes como: alquileres, combustibles, energía, impuestos, tasas, etc.

Por su parte, los distintos servicios o sectores departamentales se clasificarán de acuerdo a la estructura del prestador como:

- Finales: Últimos sectores o sectores de salida, en los cuales se deben concentrar los gastos para obtener el costo final. Ej. consultorios externos, guardia, internación, etc.
- Intermedios: Son directamente relacionados con la actividad médica y con su actuación, permiten el desenvolvimiento de los sectores finales. Ej. radiología, laboratorio, hemoterapia, ecografía, etc.
- Primarios o Generales: Son aquellos sectores que brindan apoyo de tipo general a los intermedios y a los finales, de modo de desarrollar eficientemente la totalidad de la atención médica en la institución como por ejemplo, administración, sistemas, lavadero, mantenimiento, contaduría, etc.

A partir de dicha clasificación se realiza la distribución escalonada o en cascada[8] las cuales consisten en asignaciones sucesivas según Dueñas Ramia (2002).

La asignación primaria como se presenta en la Tabla 1, distribuye los gastos directos a cada uno de los sectores. De esta manera la totalidad de los gastos del período se pueden identificar directamente con un centro de costos, e inclusive pueden los mismos pertenecer a dos o más centros y asignarse a los mismos proporcionalmente. La información utilizada surge de datos de la contabilidad y de la implementación de formularios internos de consumo por sectores: ej. papelería, raciones de alimentación, lavadero, etc. Los recursos humanos se asignan por sector teniendo en cuenta la nómina de personal, cargas sociales y aguinaldos prorrateados, anual o semestralmente. Finalmente se aplican las bases de distribución para asignar los componentes del costo indirectos a cada área o sector. Es importante recordar que aquellas cuentas que no pueden asignarse en forma directa a un sector, pueden distribuirse a través de dichas bases.

Los centros de costos se caracterizan por ser la unidad mínima de gestión y se caracterizan por tener una actividad homogénea, un único responsable, una ubicación física, objetivos propios, una responsabilidad definida y un código identificativo. Estos

---

[8] Dueñas Ramia, G (2002). *La Dirección de Hospitales por Productos: Nuevas Metodologías de Cálculo y Análisis de Costos.* En el XXV Congreso Argentino de Profesores Universitarios de Costos (IAPUCO), Ciudad de Buenos Aires

además pueden clasificarse según la contabilidad de costos[9] en sectores finales, intermedios y generales para realizar la asignación y acumulación de costos, a fin de obtener el costo unitario de los productos obtenidos, ya sean estos bienes o servicios (Santamaría Benhumea, A.M.et al., 2015).

Tabla 1. Ejemplo de asignación primaria: resumen de servicios de un centro de salud polivalente

				Residuos Patologicos	Seguros	Luz	Teléfono	Amortizaciones	TOTAL INDIRECTOS	COSTO TOTAL
	CENTROS DE COSTOS	GASTOS DIRECTOS	RRHH SUELDOS	ASINACION DE GASTOS INDIRECTOS						
				46.305,44	$ 15.671	$ 88.623	$ 16.119	$ 34.600	$ 593.419	
Servicios Primarios	GERENCIA	$ 85.536	$ 145.642		$ 80	$ 454	$ 180	$ 177	$ 1.612	$ 235.703
	PERSONAL	$ 23.856	$ 126.347		$ 177	$ 1.001	$ 180	$ 391	$ 2.797	$ 155.527
	SISTEMAS E INFORMÁTICA	$ 27.957	$ 86.775		$ 52	$ 294	$ 90	$ 115	$ 9.612	$ 126.080
	MANTENIMIENTO	$ 83.238	$ 172.327		$ 56	$ 319	$ 90	$ 125	$ 124.470	$ 383.483
	AUDITORÍA MÉDICA INTERNA	$ 13.057			$ 21	$ 116	$ 90	$ 45	$ 341	$ 13.398
	FACTURACIÓN / DÉBITOS	$ 54.098	$ 179.387		$ 33	$ 185	$ 90	$ 72	$ 941	$ 238.013
	ADMINISTRACION	$ 13.498	$ 328.666		$ 641	$ 3.622	$ 450	$ 1.414	$ 8.741	$ 357.478
	RELACIONES PUBLICAS	$ 16.209	$ 51.577		$ 138	$ 779	$ 90	$ 304	$ 10.776	$ 79.594
	NUTRICIONISTA Y COCINA	$ 100.467	$ 96.113		$ 835	$ 4.719	$ 270	$ 1.843	$ 19.841	$ 218.344
	LAVADERO Y ROPERIA	$ 32.969	$ 187.094		$ 456	$ 2.577	$ 90	$ 1.006	$ 9.411	$ 233.215
	CONTADURIA	$ 97.876	$ 76.840		$ 114	$ 643	$ 90	$ 251	$ 1.975	$ 178.228
Servicios Intermedios	ECODOPLER	$ 151	$ 1.031		$ 54	$ 306	$ 90	$ 119	$ 753	$ 1.955
	ECOGRAFÍA GENERAL	$ 123	$ 2.421		$ 44	$ 250	$ 180	$ 98	$ 722	$ 3.315
	ENDOSCOPIA	$ 1.486	$ 22.449	$ 271	$ 62	$ 352	$ 90	$ 138	$ 1.124	$ 25.507
	HEMODINAMIA	$ 580	$ 5.051	$ 682	$ 208	$ 1.178	$ 90	$ 460	$ 3.321	$ 9.053
	IMÀGENES TAC	$ 258	$ 4.146	$ 150	$ 93	$ 524	$ 180	$ 205	$ 1.314	$ 5.801
	KINESIOLOGÍA Y REHABILITACIÓN	$ 242	$ 1.895	$ 75	$ 87	$ 492	$ 90	$ 192	$ 1.154	$ 3.329
	CIRUGIA	$ 117.617	$ 458.337	$ 7.527	$ 582	$ 3.290	$ 360	$ 1.285	$ 66.587	$ 651.708
	IMÁGENES RADIOLOGÍA	$ 42.850	$ 231.048	$ 114	$ 493	$ 2.790	$ 180	$ 1.089	$ 6.221	$ 284.740
	LABORATORIO	$ 460.139	$ 156.296	$ 1.439	$ 331	$ 1.873	$ 180	$ 731	$ 5.673	$ 625.233
Servicios Finales	CENTRO DE DIA	$ 397	$ 43.252	$ 620	$ 143	$ 807	$ 90	$ 315	$ 2.456	$ 46.971
	INTERNACION	$ 46.324	$ 695.346	$ 14.705	$ 3.385	$ 19.144	$ 5.583	$ 7.474	$ 74.679	$ 830.256
	SERVICIO DE GUARDIA	$ 90.251	$ 388.897	$ 1.054	$ 244	$ 1.379	$ 90	$ 538	$ 4.130	$ 491.055
	SERVICIO MEDICINA LABORAL Y A.R.T.	$ 3.456	58.234.15		$ 12	$ 67	$ 90	$ 26	$ 234	$ 3.690
	CONSULTORIOS EXTERNOS	$ 9.678	$ 68.572	$ 10.092	$ 3.474	$ 19.648	$ 5.223	$ 7.671	$ 62.848	$ 142.469
	TOTAL	$ 1.508.665	$ 4.507.661	$ 46.305	$ 15.671	$ 88.623	$ 16.119	$ 34.600	$ 593.419	$ 6.699.898

Fuente: Elaborado por el autor

En la asignación o distribución secundaria se asignan los centros primarios o de apoyo a los sectores intermedios y productivos (sectores finales) en función del servicio que brindar a cada uno de los mismos. Utilizando para los sectores primarios bases de distribución o unidades de producción como las ejemplificadas en el Cuadro 1 y para los sectores intermedios, bases de distribución como las presentadas en el Cuadro 2.

[9] Santamaría Benhumea, A.M., Herrera Villalobos, J.E. Sil Jaimes, P.A., Santamaría Benhumea, N.H., Flores Manzur, M.Á., del Arco Ortiz, A. (2015). *Estructura, sistemas y análisis de costos de la atención médica hospitalaria, Unidad de Investigación, Hospital Materno Perinatal Mónica Pretelini Sáenz*, Toluca, Estado de México, México, *Hospital General de México Dr. Eduardo Liceaga*, México, D.F., México

Cuadro 1. Ejemplo de bases de distribución de sectores primarios

BASES DE DISTRIBUCION SECTORES PRIMARIOS	
SERVICIOS GENERALES	UNIDAD DE PRODUCCIÓN/BASE PRORRATEO
ADMINISTRACIÓN	% Facturación a cada Sector
	Tiempo a cada Sector
	Gastos Directos
COMERCIALIZACIÓN	% Facturación por sector
SISTEMAS	N° PC por Sector
	Tiempo a cada Sector
FACTURACIÓN	% Facturación por sector
PERSONAL	Empleados en cada Sector
MANTENIMIENTO	Por Orden de Trabajo
	Tiempo a cada Sector según Orden de Trabajo
LIMPIEZA	M2
LAVADERO	Kg ropa lavada
COCINA	N° raciones por sector solicitante
VESTUARIOS	Empleados en cada Sector
DEPÓSITO GENERAL	Cantidad de pedidos
VIGILANCIA	M2
	Asignación directa
DIRECCIÓN MÉDICA	Médicos por Sector
	Tiempo a cada Sector
COMEDOR DEL PERSONAL	Empleados en cada Sector

Fuente: Elaborado por el autor

Cuadro 2. Ejemplo de bases de distribución de sectores intermedios

BASES DE DISTRIBUCION SECTORES INTERMEDIOS	
SECTORES INTERMEDIOS	UNIDAD DE PRODUCCIÓN/BASE PRORRATEO
QUIRÓFANOS	Horas utilizadas
LABORATORIO	Determinación
RADIOLOGÍA	Placa
ANATOMÍA PATOLÓGICA	Examen
ANESTESIOLOGÍA	Anestesia
FISIATRÍA	Sesión
ESTERILIZACIÓN	Paquete-tambor-caja
HEMODIÁLISIS	Sesiòn
HEMODINAMIA	Procedimiento
HEMOTERAPIA	Litros de sangre/bolsa transfundida
UTI	Día cama
	Horas cama utilizadas
FARMACIA (insumos+estructura)	$ consumidos por Sector
	Cantidades consumidas por Sector
FARMACIA = costo de estructura	Cantidad de pedidos

Fuente: Elaborado por el autor

Una vez definida las bases de asignación para cada uno de dichos sectores se procede a calcular los coeficientes y a prorratear cada uno de los mismos en los sectores intermedios y finales tal como se ejemplifica en la Tabla 2.

Tabla 2. Ejemplo de distribución secundaria sectores de Farmacia y Radiología

DISTRIBUCION SECUNDARIA	FARMACIA				RADIOLOGIA			
CENTROS DE COSTOS	COSTO SECTOR	CONSUMO $$ medicamentos	COEF. %	ASIGNAC. 832.036,34	COSTO SECTOR	PLACAS CANTIDAD	COEF. %	ASIGNAC. 401.837,29
CENTRO DE COSTOS INTERMEDIOS								
FARMACIA	$ 832.036							
ESTERILIZACIÓN	$ 68.166	$ 9.349	2%	**$ 14.107**				
HEMOTERAPIA - HEMATOLOGIA	$ 206.023	$ 2.822	1%	**$ 4.258**				
RADIOLOGIA	$ 401.316	$ 753	0%	**$ 1.137**	$ 401.837			
QUIROFANOS	$ 810.535	$ 150.303	27%	**$ 226.814**	$ 958.316	50	5%	**$ 20.092**
LABORATORIO	$ 756.411	$ 1.535	0%	**$ 2.316**	$ 762.423			
CENTROS DE COSTOS FINALES PROPIOS								
CENTRO DE DIA	$ 130.321	$ 12.226	2%	**$ 18.450**	$ 145.033			
INTERNACION	$ 1.489.397	$ 182.900	38%	**$ 317.588**	$ 1.747.596	100	10%	**$ 40.184**
SERVICIO DE GUARDIA	$ 612.598	$ 30.000	5%	**$ 45.271**	$ 634.983	250	25%	**$ 100.459**
SERVICIO MEDICINA LABORAL Y A.R.T.	$ 66.505	$ 117.744	16%	**$ 136.097**	$ 148.089	50	5%	**$ 20.092**
CONSULTORIOS EXTERNOS	$ 346.529				$ 356.631	500	50%	**$ 200.919**
TOTAL	**$ 6.699.898**		100%	$ 832.036	**$ 6.699.898**		100%	$ 401.837

Fuente: Elaborado por el autor

El orden de distribución de cada área estará determinado de mayor a menor, de acuerdo a los servicios que brinda al resto de los sectores.

Finalmente, en la Distribución Terciaria se distribuyen los sectores intermedios entre los finales.

La implementación del sistema de costos por áreas o servicio permite calcular el costo unitario y total en cada una de las áreas definidas como centros de costos para el prestador. A modo de ejemplo se presenta en la Tabla 3 el cálculo de costo total y por estudio del servicio de Radiología.

Tabla 3. Ejemplo de cálculo de costo total y unitario para los estudios del servicio de Radiología

Concepto	Importe	Total
- Gastos Directos		$42.850,04
* 4.1.1.1.007 CONSERVACION BIENES DE USO	36.353,00	
* 4.2.1.1.009 VARIOS	1.374,38	
* 4.2.1.1.011 FLETES	297,53	
* 4.2.1.1.026 MENAJES	0,00	
* 4.3.1.1.001 PAPELERIA Y GTS. DE ESCRITORIOS	4.825,13	
* 4.3.1.1.018 MANTENIMIENTO SISTEMA COMPUTACION	0,00	
- Gastos Indirectos		$4.637,73
* Tasas y Servicios	164,56	
* Desinfección	39,67	
* ARBA y Contri	1.463,12	
* Energia Electrica	2.790,29	
* Telefonia	180,09	
- Gastos Recibidos		$117.712,07
* MANTENIMIENTO	6.794,86	
* DIRECCION GERENCIA ORG.	3.846,75	
* RECURSOS HUMANOS	10.642,82	
* CONTADURIA	20.757,87	
* SISTEMAS	2.570,63	
* ALIMENTACION	26.110,88	
* LAVADERO Y ROPERIA	3.633,20	
* ADMINISTRACION	4.929,99	
* FACTURACIÓN / DÉBITOS	25.906,43	
* RELACIONES PUBLICAS Y MKT	5.786,36	
* CONFITERIA	5.581,84	
* FARMACIA	1.136,56	
- Gastos de Personal		$235.669,39
* SUELDOS	231.048,42	
* DESPIDOS	4.620,97	
TOTAL GASTOS ----->		$400.869,23
COSTO POR PLACA		$ 114,50

Fuente: Elaborado por el autor

El triángulo de los costos del sector salud

El triángulo de costos (Figura 1) refiere a las dificultades más significativas que presentan los prestadores de salud en materia de uso de los sistemas de costos, no solo se plantea la existencia de los mismos sino el adecuado uso de la información que los mismos generan. Sumado a ello la existencia de los costos ocultos o de no calidad que se presentan incrementando las ineficiencias del servicios y muchas veces poniendo en riesgo la vida del paciente.

Figura 1: El triángulo de los costos de salud

Fuente: Elaboración propia

Inexistencia de los sistemas de costos como herramienta de gestión

En un sector condicionado por la inflación, insumos dolarizados y precios regulados, contar con un sistema sólido de información financiera y de costos es vital. Sin embargo, la solvencia económica no basta: la transformación exige un cambio de cultura organizacional que impulse el uso de tecnología y el liderazgo gerencial.

Los sistemas de costos en prestadores de salud son cruciales para medir la eficiencia, controlar recursos y tomar decisiones estratégicas, permitiendo analizar la rentabilidad por servicio, paciente o patología. Su uso principal es mejorar la gestión administrativa y clínica, optimizar el uso de recursos (materiales, humanos, financieros), presupuestar, calcular el punto de equilibrio y negociar convenios.

Es por esto, que la inexistencia de estas herramientas genera grandes limitaciones para la toma de decisiones sobre el control presupuestario, la negociación de aranceles, establecer márgenes de rentabilidad, definir módulos prestacionales, o básicamente conocer cuál es el costo de una cama de internación.

La ausencia de sistemas de costos en el sector de salud en Argentina se debe a una combinación de factores estructurales (propios del sistema de salud) y organizacionales (internos a las instituciones).

El sistema de salud argentino es altamente fragmentado y segmentado (público, obras sociales y privado), lo que dificulta la estandarización y la comparación de costos. La coexistencia de múltiples subsistemas de financiamiento y provisión de servicios con reglas, coberturas y fuentes de recursos diferentes (Nación, provincias, municipios, obras sociales, prepagas) crea un entorno heterogéneo donde es casi imposible aplicar un único modelo de costeo. La falta de normativas y políticas públicas consistentes que exijan o incentiven la implementación de sistemas de costos a nivel nacional y provincial contribuye a que el tema no sea una prioridad de gestión.

Existe una histórica dificultad para aplicar criterios y métodos puramente empresariales o industriales al sector salud debido a su carácter ético y solidario (el concepto de "salud a cualquier costo" prevalece sobre la eficiencia económica). La gran asimetría en la distribución de recursos y la concentración de la oferta en algunos actores (tanto públicos como privados) reduce la presión competitiva basada en la eficiencia de costos.

Además, en el interior de las propias instituciones de salud (hospitales y clínicas), la implementación se enfrenta a barreras significativas que dificultan el uso de estos sistemas: la complejidad del "producto" final (la atención médica) es difícil de estandarizar y no tiene expresión material (se percibe por los resultados). Cada paciente, especialidad y recorrido asistencial es único, lo que complica la medición y asignación de costos de manera precisa. Asimismo hay una escasez de personal con los conocimientos técnicos adecuados (en administración, finanzas y contabilidad de costos) para diseñar, implementar y mantener sistemas de costeo sofisticados en entornos de salud. La realidad actual marca claramente que tradicionalmente los prestadores de salud han sido gerenciados por profesionales de las ciencias médicas, quienes si bien se han especializado en conocimientos vinculados a la salud de las personas, solo unos pocos han entendido o han reconocido la importancia de gestionar profesionalmente estas instituciones. Y por último existe en la cultura del sector la ausencia del uso de herramientas de gestión. La falta de incentivos, el objetivo asistencial y la rotación frecuente de cargos directivos generan una cultura donde la gestión interna de costos no es prioritaria. El foco se mantiene en la atención inmediata y no en la eficiencia o la sostenibilidad a largo plazo.

La falta de información que generan los sistemas de costos en los prestadores de salud, deriva en consecuencias negativas parar el sector, entre ellas, ineficiencias por el mal uso de recursos y una evaluación incorrecta de la calidad. Esta situación ha llevado a crisis financieras severas e incluso a la desaparición de las instituciones. En consecuencia, perpetúa un círculo vicioso donde los costos ocultos se mantienen invisibles, socavando la sustentabilidad financiera del sector salud y erosionando la confianza en el sistema.

Uso de la información de los sistemas de costos

La implementación de dichos sistemas requiere de líderes que sepan interpretar la información y tomar decisiones adecuadas, que no piensen en la minimización del consumo de recursos como única salida, pues es importante tener en cuenta que en la atención en salud lo primordial es salvar vidas, independientemente de lo que cueste; el objetivo es lograr a través de la información de costos y las decisiones gerenciales que se toman en la entidad, ser más eficientes en la utilización de los recursos y en los planes de racionalización –sin desmejorar la calidad- que se ejecutan, ya que lo ideal no es disminuir costos sino prestar un servicio con la mayor calidad al menor costo posible

En suma, se requieren líderes y profesionales que sepan interpretar la información financiera y de costos y que a partir de ella diseñen la plataforma para implantar un modelo de gestión estratégica, que según Arcila[10] (2003) involucra entre otras herramientas:

- Análisis de capacidad ociosa: Para mejorar niveles de productividad haciendo un mejor uso de la infraestructura disponible y en general de los costos fijos que

[10] Arcila, L.G. (2003). *Costos hospitalarios y grupos relacionados de diagnóstico*. Medellín: Editorial Hospital San Vicente de Paul.

tiene la entidad. Como contrapartida también resulta clave el nivel promedio de ocupación o utilización de los servicios. Esto demandara de una estrategia prestacional para trabajar sobre el análisis marginal una vez que los costos fijos están cubiertos.

- Cálculo de puntos de equilibrio: Con el fin de establecer los niveles mínimos de actividad que se requieren para recuperar los costos y con ello establecer las actividades que se deben estimular y aquellas que se deben eliminar o replantear.
- Fijación de tarifas / precios: independientemente que hoy la mayor parte de los aranceles que perciben los prestadores se encuentran regulados por el Estado, por el índice de costos de salud publicados por el Ministerio de Salud de la Nación o por el Índice de Precios al Consumidor (IPC); contar con información que aporte un sistema confiable a la hora de enfrentar procesos de negociación con las entidades contratantes, resultará vital para no acordar condiciones que resulten perjudiciales a la salud de la organización.
- Análisis de valor agregado y eficiencia de las actividades: le permitirá a la organización tomar decisiones como la subcontratación o contratación con terceros, la reestructuración, la centralización de actividades repetitivas, o la eliminación. Como así también permitirá analizar aquellos servicios por ser los mismos tercerizados, aporten un canon o alquiler que permita absorber los costos directos e indirectos que demanda su funcionamiento.
- La comparación (Benchmarking): este procedimiento permite la comparación con entidades de salud de similares características o que cuentan con las mejores prácticas en determinados aspectos, con el objetivo que el prestador u organización de salud mejore sus procesos tanto asistenciales como administrativos. Esta metodología es muy utilizada en otros países y en el caso británico, por ejemplo, todos los hospitales están incluidos en un proceso de benchmarking obligatorio impulsado por el Gobierno y que culmina con la publicación anual de un ranking de los hospitales en función de sus costos.
- Presupuestación: si se cuenta con adecuada información de costos se puede mejorar significativamente este proceso, aplicando técnicas como el presupuesto basado en actividades o el presupuesto basado en la demanda esperada. Su importancia redundara en la comparación entre el estimado y la realidad a fin de analizar los desvíos, y poder determinar acciones para su corrección.

Además de los requisitos mencionados precedentemente, la realidad indica que aún en aquellas organizaciones que poseen sistemas de costos, en los convenios de pago por prestación o acto médico, aceptan aranceles o precios que no alcanzan a cubrir el costo fijo de la disponibilidad de camas (Figura 2). En estas situaciones es donde aparece el concepto de “cama vacía” (o cama ociosa) y representa un recurso que genera gastos constantes pero no produce ingresos; se dice entonces que "la cama más cara es la que está vacía". En un contexto de precios regulados, la única forma de compensar los costos fijos es mediante un alto nivel de **giro cama** (eficiencia en la rotación de pacientes). Lograr un rendimiento positivo de cada paciente que egresa de la internación, demandará la incorporación de otros insumos directos o servicios durante la atención (medicamentos y descartables, estudios de imágenes y tratamientos, etc.).

Figura 2. Ejemplos de rendimiento de las principales unidades de negocios

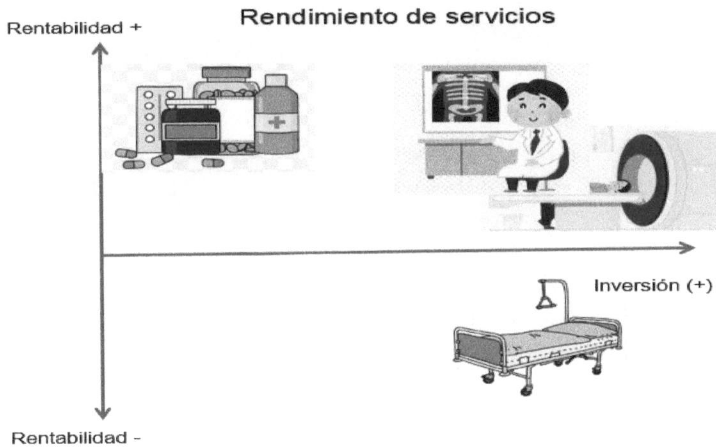

Fuente: Elaborado por el autor

La situación se vuelve aún más compleja en los convenios de pago modulado o capitados donde los ingresos son fijos por pacientes o por patologías, e independiente de la cantidad de prestaciones que se brinden al paciente durante la atención.

Por tales motivos resulta imperioso ratificar la importancia de los costos y el liderazgo en la gestión de los mismos, como clave en el gerenciamiento de las instituciones de salud en un sistema donde los precios y aranceles no pueden ser formados por quienes realmente se encargan de brindar el servicio.

Los costos ocultos

Un tercer costo que lejos de ser considerado, se convierte en un marcador de ineficiencia operativa al momento de brindar el servicio. Las fallas y errores que forman parte del proceso de atención, no son trasladables a precios y por supuesto que en la mayoría de los casos no son cuantificadas.

Los programas de acreditación de calidad son optativos, solamente han accedido a ellos una minoría de organizaciones del sector. Las cuales se encuentran conformados por "grandes" prestadores de salud y algunos pocos efectores con referentes médicos formados en gestión y líderes que conocen acerca de la importancia del tema.

De acuerdo con Feigenbaum "La experiencia ha demostrado que los programas de control de la calidad con frecuencia se pagan a sí mismos casi desde sus inicios y el rendimiento total es muchas veces mayor que los costos iniciales"[11]

La mayoría son costos evitables y, en general, perceptibles. No le agregan valor al producto o servicio, pero si costo. Algunos son intangibles y más difíciles de medir.

A veces son costos externos a la organización o que no se detectan de forma inmediata, como los relativos a la insatisfacción del usuario y la pérdida de la imagen de la institución.

Según Feigenbaum (1999) el costo total de la calidad es el resultado de dos tipos de costos, como se aprecia en la Figura 3, los mismos se clasifican en:

- Costos de calidad: Considerados estos costos como la inversión en promoción y prevención, las sumas invertidas en calidad deberían verse reflejadas en el mejoramiento de la satisfacción de los clientes, en la reducción de las quejas y los costos de operación injustificados o de no calidad.
- Costos de no calidad: El valor en pesos gastado en solucionar las fallas en los procedimientos, por errores humanos, técnicos, ignorancia y negligencia, que obligan a la utilización de recursos no justificados, si las cosas se hubieran hecho bien desde la primera vez.

[11] Feigenbaum, A.V. (1991). *Total quality control*. 3ra ed. McGraw-Hill. New York

Figura 3: Costo total de calidad

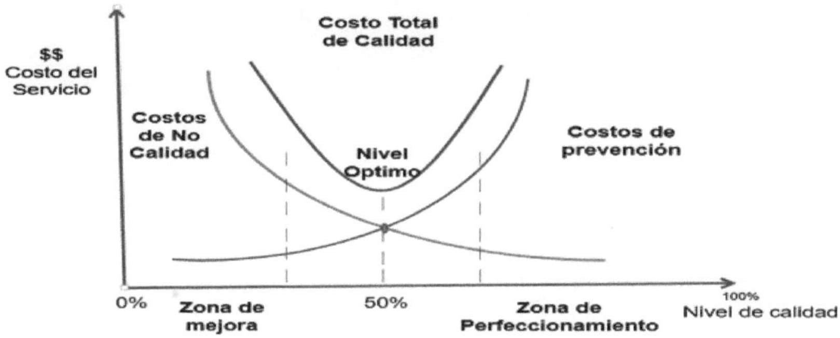

Fuente: Adaptado de The new quality for the twenty-first century (1999, The TQM)[12]

El control y mejoramiento de cada proceso, debería reducir los costos de no calidad, aquellos denominados fallas internas (están asociados con defectos, errores o no conformidad del producto o servicio), detectados antes de transferirlo al cliente y que por tanto éste no percibe y no se siente perjudicado (desperdicios, repetición de estudios, altas tardías; exceso de stocks por falta de planificación, etc.). Las fallas externas asociadas con aquellas situaciones que perciben los usuarios, afectando la confianza y satisfacción de los mismos, convirtiéndose normalmente en quejas y reclamaciones, que derivan en acciones judiciales, y pago de penalizaciones.

Pero en realidad no son costos ocultos, sino que no se llevan registros de las pérdidas producidas por la mala calidad (en general se ocultan sus ineficiencias). Tiempo atrás los prestadores disimulaban su ineficiencia elevando precios y/o tarifas. Hoy día la regulación de precios del sector ha derivado en que esta práctica se torne inviable.

Existen muchos ejemplos de costos ocultos en el sector, entre ellos encontramos: día pre quirúrgico injustificado, demora diagnóstica, estudios repetidos por pérdida o mala calidad, demoras en las altas, subutilización tecnológica y de estructura física, inadecuada programación de turnos en consultorios y quirófanos, historias clínicas y estudios mal archivados o perdidos, re internaciones, rechazo de internaciones, pedido de estudios innecesarios, elevada tasa de infecciones, ausencias y reemplazos del recurso humano, burocracia administrativa, incumplimiento horarios, turnos e internaciones programadas, falta de sistema de señalización e información, dificultades

[12] Feigenbaum, A.V. (1999), La nueva calidad para el siglo XXI, *The TQM Magazine*, vol. 11 núm. 6

en el sistema de accesibilidad telefónica, mala calidad en registros médicos, errores médicos, de enfermería y mala praxis, elevado nivel de reclamos judiciales, trato deshumanizado en profesionales y personal, falta de gestión de quejas y reclamos, inadecuada coordinación interservicios, deterioro edilicio y tecnológico, descuido en aspectos ambientales y estéticos (vestimenta, mobiliario e instalaciones), entre otros.

A pesar de que los sistemas existentes de calidad, permiten combinar la racionalización de recursos con una adecuada prestación del servicio, y mediante el cual, se controlan los índices de demanda insatisfecha, los tiempos de espera, los reclamos de usuarios, y demás ineficiencias, los mismos no han sido incorporados a las culturas de las organizaciones de salud actuales.

De acuerdo a los datos publicados por las dos entidades acreditadoras de instituciones de salud del país CENAS (Centro Especializado para la Normalización y Acreditación en Salud) e ITAES (Instituto para la Acreditación de Establecimientos de Salud) en la actualidad solamente cien instituciones de salud, entre ellos prestadores, han obtenido algún tipo de certificación y solamente cinco han accedido a acreditaciones internacionales.

Adquisición de insumos médicos

Los insumos médicos constituyen en la prestación del servicio de salud el componente más importante luego del recurso humano. La compra y uso de medicamentos y descartables (Nora y Rosario, 1997), resulta inherente a la existencia de los centros de atención; en consecuencia, la dirección o administración tendrá dos alternativas: puede tomar la decisión de organizar y planificar adecuadamente el suministro con criterios de racionalidad, seguridad del paciente y contención de costos, o no tomar esa decisión y desarrollar un suministro en forma desorganizada y desarticulada frente a las verdaderas necesidades del prestador de servicios, lo cual tendrá consecuencias negativas en la calidad de la atención y en el aumento de costos.

Dejando de lado la logística, tema que merece especial abordaje, el proceso de gestión de stocks debe integrar la planificación, selección, adquisición, mantenimiento y la distribución de los insumos que la organización necesita para brindar la atención al paciente.

Asimismo, no siempre resulta viable trasladar el aumento de los costos de los insumos a los precios del servicio, dependiendo de la modalidad de financiación, se hace necesario realizar una gestión de compras más eficiente, para poder ofrecer la mejor calidad al menor costo posible. Pero, cumplir con esta premisa no significa comprar a bajo costo, sino seleccionar cuidadosamente los insumos teniendo en cuenta su valor de adquisición y sus características de calidad y relación costo – efectividad.

Esta condición obliga al comprador a tener mayor control sobre la planificación de la selección de los insumos, sobre las cantidades adquiridas y sobre el uso racional de los mismos.

El ingreso de los insumos médicos al stock tiene su origen en la función de compras y tendrá como objetivos (Martínez Moya, E; 2007) satisfacer las necesidades de la institución con elementos externos a la misma para brindar el servicio de salud, obteniendo la mayor rentabilidad del dinero invertido. Pero hay que hacer compatible este objetivo inmediato (corto plazo) conjuntamente con el resto de las áreas en el logro de sus fines, bien sean éstos de carácter coyuntural (elevar el beneficio o rentabilidad) o estratégicos (mejorar la calidad - efectividad del servicio).

Lograr el funcionamiento adecuado del almacén de medicamentos requiere de un jefe (o encargado de almacén) y, siempre que el centro de salud cuente con un farmacéutico, dicho almacén debe estar bajo la responsabilidad de esta persona. Quien deberá procurar que el almacén o depósito funcione en condiciones óptimas que permitan a las unidades ejecutoras u operativas, encargadas de brindar el servicio, contar en forma oportuna con los insumos necesarios para el cumplimiento de sus objetivos. Por tales motivos, además de las funciones tradicionales de la gestión de compras, deberán abordarse actividades como el análisis de estadísticas de consumos, prospección continua de otras fuentes o alternativas, evaluación de nuevas tecnologías de información, participar en la definición del vademécum interno, gestionar los costos ocultos del stock, etc.

En este aspecto, la planificación del inventario se inicia en el momento en el cual se determinan las necesidades de medicamentos e insumos para un período dado con el fin de atender la demanda de éstos, estimándose en base a los recursos financieros disponibles. Este proceso demandará de la participación del receptor o usuario del insumo, los cuales estarán representados por los servicios médicos, la farmacia y la administración del centro de salud. Ajustar las necesidades de cada sector con recursos financieros disponibles permite establecer un orden para cubrir las necesidades de cada uno de ellos: desde lo más prioritario a lo menos prioritario. Aunque en materia de medicamentos puede asumirse que todos son prioritarios, hay que reconocer que algunos de ellos tienen mayor prioridad que otros. Lograr el equilibrio entre las cantidades de insumos necesarios para cubrir los tratamientos y los recursos, se hace más evidente cuando el financiamiento de los medicamentos corresponde en su totalidad a asignaciones presupuestarias limitadas o insuficientes. Lo mismo ocurre cuando el centro de salud no dispone de ningún método de recuperación de costos, cuando el financiamiento se realiza por un sistema prospectivo o no se dispone de programas de contención de costos.

Existen varios métodos para programar necesidades, realizar el seguimiento y control de los insumos médicos. Los más conocidos son los sistemas VEN (clasificación de medicamentos como vitales, esenciales y no esenciales), sistemas basados en el perfil epidemiológico de la población a atender, y también el de análisis de valores (que los clasifica en función de su valor de consumo) realizando una clasificación ABC del stock según Martínez Moya (2007) con el fin de identificar los códigos de mayores costos y mayor importancia. Resulta necesario clasificar el número de artículos y materiales, donde a un pequeño porcentaje de ellos se le puede atribuir la causalidad de la gran mayoría de efectos. Por tales motivos requerirán un tratamiento riguroso al momento de planificar sus compras, controlar el stock y los consumos.

Por lo tanto, la importancia estratégica de la gestión de stocks demandará el desarrollo y ejecución de algunas funciones como: la planificación y previsión de las necesidades a través del análisis de estadísticas de los niveles promedio de consumo y sus desvíos;

la negociación de los precios y modalidades de financiación; la coordinación entre el área de compras y tesorería para definir en forma conjunta las formas de pago que no afecten la economía, ni el capital de trabajo necesario para financiar la actividad y finalmente la búsqueda de otras opciones en las cotizaciones. Estas actividades que a veces se ven postergada por cuestiones de tiempos administrativos o concentración de la compra en pocos proveedores por cuestiones de confianza o costumbre, hace que muchas veces la función se realice en forma automática sin tener en cuenta otras alternativas de compras. Como tampoco se analizan los beneficios de establecer contratos de aprovisionamiento con proveedores, para adquirir compromisos durante un plazo determinado asegurando la provisión de los insumos en cantidades necesarias para abastecer la demanda, sin el inconveniente de cargar con el stock y el costo de inmovilización que el mismo genera. Esta posibilidad si bien reduce el costo antes mencionado, al igual que el riesgo de ruptura o vencimiento de los insumos presenta inconvenientes por las condiciones económicas del sector salud y los elevados índices de inflación. En un contexto tan vulnerable resulta muy difícil establecer acuerdos a mediano o largo plazo, sin que se vean afectadas las condiciones del acuerdo original.

Hoy la función de compras de insumos hospitalarios lejos de ser una tarea administrativa y rutinaria debe estar integrada a la cultura de la organización, a los lineamientos estratégicos y al servicio de salud que tenemos como objetivo brindar. Asimismo, resulta importante conocer la modalidad de pagos o financiación de los convenios de prestación, y determinar si los medicamentos y descartables están incluidos dentro del pago de un valor fijo que incluye todas las prestaciones o los mismos pueden facturarse en su totalidad de acuerdo con el consumo realmente administrado al paciente.

De aquí, las estrategias de liderazgo que solo tengan en cuenta el costo, resultan muy limitadas para los prestadores de salud. Las compras de insumos que no tengan en cuentan la calidad y efectividad de los tratamientos provocarán mayores tiempos de internación o reinternaciones de pacientes por complicaciones asociadas al motivo que genero la prestación original.

Importancia de la función de compras en un contexto inflacionario.

El impacto de la inflación en los insumos médicos en los últimos años ha resultado exponencial, por lo tanto, conocer el comportamiento de los precios para los centros de salud públicos y privados resulta especialmente relevante debido a varios elementos. Primero, el sector de la salud tiene un impacto directo en el bienestar de la población, y las instituciones de salud son actores claves en garantizar el acceso a tratamientos esenciales, especialmente en un contexto de crisis económica. Segundo, los medicamentos representan una parte significativa de los costos operativos de los prestadores de salud, y cualquier variación en sus precios afecta tanto a los presupuestos, al acceso de los pacientes a los tratamientos y el rendimiento de los convenios de retribución prospectiva. Tercero, en el contexto actual de inflación y fluctuaciones cambiarias, los precios reflejan las tensiones económicas generales y las dinámicas específicas del mercado farmacéutico. Finalmente, monitorear estos precios permite al gobierno y a los actores del sistema de salud diseñar políticas efectivas para contener costos, mejorar la eficiencia del gasto público, implementar procedimientos y garantizar la sostenibilidad del sistema de salud en el corto y largo plazo.

A partir del año 2020 y como consecuencia de la pandemia COVID – 19, los insumos del sector salud presentaron un aumento muy significativo. La elevada demanda genero elevados costos de compras tanto en medicamentos como en el material descartable. Este incremento logra estabilizarse sobre finales del año 2021 y a principios del 2022 retoma exponenciales niveles de aumentos para los años 2023 y 2024.

De acuerdo con la Figura 1 correspondiente al informe publicado por IPM-H (Índice de Precios de Medicamentos Hospitalarios) que toma como base la variación histórica en el acumulado entre enero de 2022 y febrero de 2025, el IPM-H presentó una variación de 1144,1%, lo que sugiere que los precios de los medicamentos hospitalarios evolucionaron exponencialmente y por encima del tipo de cambio oficial que acumuló +917,3% para el mismo período. Esta evolución refuerza la importancia de monitorear de forma continua el comportamiento del IPM-H, ya que sus particularidades pueden ofrecer señales tempranas sobre cambios estructurales en el mercado de salud argentino. Para los formuladores de políticas, este seguimiento es clave para diseñar estrategias de regulación y financiamiento del sector salud. Al mismo tiempo, para los agentes privados y proveedores del mercado, comprender estas dinámicas permite anticipar tendencias de precios, ajustar estrategias comerciales y evaluar riesgos asociados a la volatilidad económica y cambiaria del país.

Figura 1. Impacto de la inflación en los costos de medicamentos. IPM – H

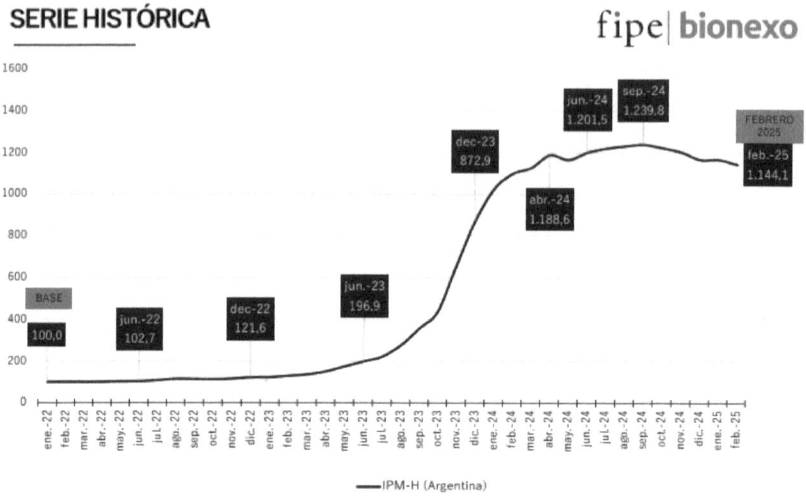

Fuente: https://pages.bionexo.com/ipm-h-argentina

Esta situación de aumentos tan importantes de los principales insumos para la atención médica genero un crecimiento de su participación en el costo relativo de la prestación del servicio y como tal resulto necesario un mayor control sobre la gestión económica financiera de dichas adquisiciones. Como se mencionó anteriormente la coordinación entre el área médica, tesorería y farmacia resultaron fundamentales para asegurar la prestación del servicio y no desfinanciar el capital de trabajo de los prestadores de salud.

Actualmente el porcentaje de insumos médicos y no médicos para brindar el servicio de salud supera el 20% del costo de prestación, cobrando mayor importancia en materia financiera y económica ya que cualquier decisión que implique el aumento de los stocks o sobrestocks, generará dificultades que en principio afectarán la salud financiera del prestador. A ello debemos sumar, el costo financiero resultante del stock inmovilizado e incrementado por las demoras en los cobros de prestaciones. Estos mayores costos ocultos no son trasladables a los aranceles ni a precios y deberán inevitablemente ser absorbidos por los centros de salud. En el caso del sector público afectará en forma negativa el rendimiento de las partidas presupuestarias asignadas.

Almacenamiento y mantenimiento de stocks

Una vez adquiridos los insumos médicos se procederá a su almacenamiento conjugando las actividades de recepción, clasificación, ubicación, mantenimiento y control de existencia de éstos. El almacenamiento tiene como objetivo conservar las características de los medicamentos y descartables durante su permanencia dentro del almacén, con el fin de que éstos lleguen al paciente en condiciones óptimas para su uso y puedan ejercer la acción terapéutica esperada. Asimismo, la organización del stock debe asegurar una rápida localización, segura identificación y el máximo aprovechamiento del espacio. En los centros de salud, el almacén de medicamentos puede no estar necesariamente ubicado dentro del servicio de farmacia, sobre todo si el volumen del material a almacenar es elevado. Sin embargo, éste debe estar separado de otros insumos y, siempre que sea posible estar bajo la supervisión de un farmacéutico.

Pueden existir además distintos stocks en los diferentes servicios, la demanda continúa y las urgencias en algunas áreas como por ej. quirófanos, cuidados intensivos, internación general, etc. plantea la creación de stocks adicionales para atender situaciones o necesidades que no pueden ser cubiertas por el depósito central o la farmacia en el momento en que necesitan resolverse. Por lo tanto, el control de los diferentes depósitos también deberá estar a cargo del responsable de farmacia en coordinación con los jefes de cada servicio en los cuales se asignen insumos.

Por otro lado, al momento de definir las estrategias de compra, deberemos considerar los niveles de stocks que desearemos mantener, dependiendo de la cantidad en existencias clasificaremos el inventario de acuerdo con la Figura 2, de la siguiente manera:

- Stock de seguridad: cantidad de insumos que mantenemos en el stock que nos permite atender las oscilaciones no previstas en el consumo y del plazo de aprovisionamiento. El stock de seguridad se encuentra por encima de lo que normalmente vamos a necesitar para hacer frente a las variaciones en el exceso de demanda y/o retrasos imprevistos en la recepción de pedidos.
- Stock cíclico o inventario de trabajo: se refiere al nivel de inventario disponible para satisfacer la demanda típica. El análisis de datos históricos y pronósticos de demanda proporciona un conocimiento más detallado de los niveles exactos de stock cíclico. Al calcular el stock cíclico, los centros de salud se aseguran de disponer de todos los insumos que necesitan para preparar los tratamientos, satisfacer la demanda y prescripciones médicas.

- Stock complementario o estacional: Se utiliza para enfrentar épocas donde aumentan determinados tipos de patologías. A modo de ejemplo las enfermedades respiratorias se incrementar en los períodos de otoño e invierno.
- Sobre stock o exceso de stock: es el estado del almacén cuando los insumos del inventario superan con creces a la demanda. En este contexto, las entradas de productos exceden a las salidas y el almacén se convierte en un cuello de botella con el consecuente capital inmovilizado, pérdida de liquidez y riesgos de vencimientos.

Figura 2. Clasificación de stocks hospitalarios

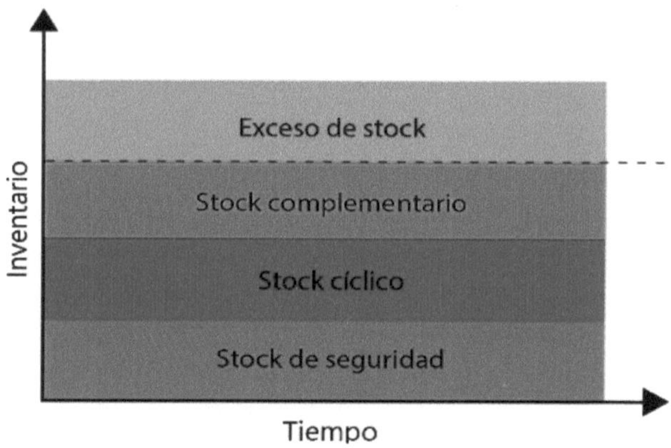

Fuente: Adaptado de 9 estrategias para reducir el exceso de stock. Lumsden, C. (marzo 2025)

Cálculo de lote optimo, stock de seguridad y punto de pedido

A partir de aquí, la importancia de los procedimientos para mantener el stock óptimo y cubrir las demandas en tiempo y forma, y al mismo tiempo reducir el exceso de inventario. Esta labor debe considerarse como una de las prácticas estratégicas más importantes en los prestadores de salud y deben incorporarse inevitablemente a la cultura de la organización. Desgraciadamente, no todos priorizan este tema e incurren en gastos innecesarios que se podrían acabar, si se llevan a cabo estrategias para combatir el exceso de stock. Para ello, resulta clave definir y analizar los lotes óptimos de compra y la cantidad donde se hace necesaria la emisión de un nuevo pedido. Como representa la Figura 3, el lote óptimo de compra (Q) minimiza los costos involucrados en relación con el tamaño del lote de compra.

Figura 3. Determinación del lote óptimo de compras.

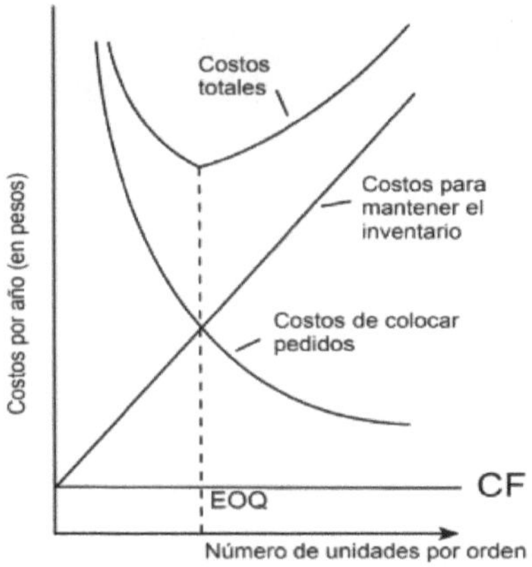

Fuente: Adaptado de Jiménez Boulanger, F., Espinoza Gutiérrez, C. L. (2007).

Las compras involucran costos de manejo de inventarios y mantenimiento, entre ellos costos de capital, costos de almacenamiento, costos de obsolescencia, deterioros, vencimientos, robos, seguros, etc. Estos costos incluyen costos fijos (con independencia del número de pedidos realizados o de la cantidad almacenada) necesarios para el mantenimiento del stock. También existen costos variables relacionados con la preparación, envío de los pedidos y órdenes de compra. En tal sentido los costos variables se modificarán directamente con la razón de uso, considerando el tamaño de la orden como constante. Pero variarán en forma inversa con el tamaño de la orden y con la cantidad promedio de inventario, considerando el uso como una constante. Por lo tanto, los costos de mantenimiento podrán mantenerse bajos realizando los pedidos con frecuencia, pero esto originaría costos de compras o pedidos elevados y como contrapartida los costos de ordenar podrán mantenerse bajos realizando los pedidos con poca frecuencia.

Determinación de la fórmula del lote optimo:

$$Q = \frac{\sqrt{2 \times C \times B}}{E \times Cu}$$

C: cantidad consumo promedio; B: costo del pedido; E: costo de manejo unitario como porcentaje; Cu: costo unitario de compra

Esta ecuación representa la formula clásica para determinar la cantidad optima a comprar. Esta fórmula minimiza los costos relevantes involucrados en la definición del tamaño del lote. Por su parte el stock de seguridad permite atender oscilaciones no previstas del consumo y del plazo de aprovisionamiento. La fórmula utilizada para su cálculo recoge estos dos distintos aspectos:

$$SS = \frac{K_s \times ð \times L^{1/2} \times A}{P}$$

Ks: Coeficiente de seguridad, que recoge el riesgo de rotura a asumir por fluctuaciones positivas sobre la media de la demanda; ð: desviaciones típicas de la demanda durante el periodo considerado; L: plazo de aprovisionamiento en períodos; N: número de lotes por año.; A: Consumo anual del artículo; P: periodos por año.

Otro punto importante tal como lo representa la Figura 4, es que el inventario llegará a nivel cero en un determinado momento, pero en ese momento arribara una nueva orden que fue realizada anteriormente. Al conocer el tiempo de espera o demora, permite que se calcule el momento en que debe realizar dicha orden y el nivel de inventario correspondiente denominado punto de reorden (ROP) o punto de pedido (PP) y que se calcula restando el tiempo de espera del tiempo en el nivel de inventario deba llegar a cero. En este método el ritmo del consumo marca el momento del lanzamiento del pedido. El pedido se cursa al llegar la cantidad de stock a un nivel determinado que se denomina según Pau i Cos y Navascues y Gasca (2001) "punto de pedido". De este modo, la frecuencia del pedido viene dado por el ritmo de venta o salidas y el nivel del punto del pedido.

Por lo tanto, la expresión del cálculo viene dado por PP = SS + (d x Dm)

PP: punto de pedido; SS: Stock de seguridad; d: plazo de entrega del proveedor; Dm: demanda media durante el plazo d.

Figura 4. Determinación del lote óptimo de compras.

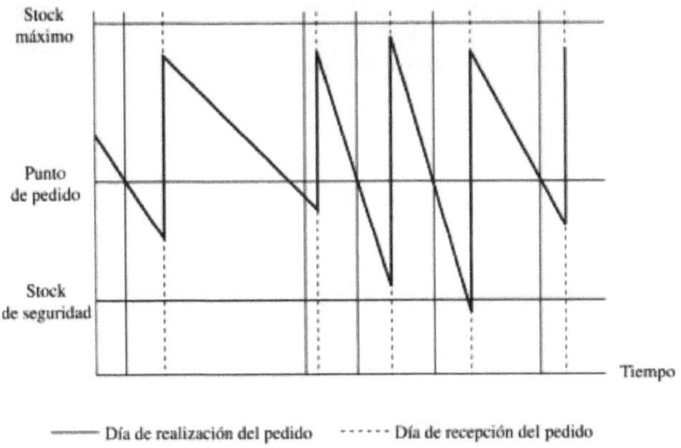

Fuente: adaptado de Jiménez Boulanger, F., Espinoza Gutiérrez, C. L. (2007).

En cuando a los sistemas de reposición de inventario (Iglesias, A; 2016) podemos encontrar distintos métodos entre ellos:

- Periodicidad variable – cantidad fija (Tabla 1): establece en forma previa el número de unidades del aprovisionamiento a solicitar. Falta resolver el momento del aprovisionamiento. La respuesta viene dada por el nivel de alerta que corresponde a la cobertura de las necesidades que pudieran presentarse, hasta la llegada del pedido solicitado. Este nivel de alerta dependerá de las necesidades que se desean cubrir en el periodo de reposición. Es preciso prever las necesidades medias y calcular el stock de seguridad a adoptar. Es evidente que este nivel de alerta no puede ser constante puesto que depende muy directamente del ritmo de las salidas del producto. Teóricamente conviene en cada salida volver a calcularlo.

Tabla 1. Cálculo de lote óptimo de compra por revisión continua.

CANTIDAD FIJA (Revision Continua)

Fecha
13-abr-25

reviso diaramente hasta que veo qua la existencia es igual al PP entonces pido Q*

Codigo: 8

Medicamento: **Ampicilina 1g**

Tasa de mantenimiento	8,0%
Costo unitario (Cu)	$1,68
Tiempo de Entrega (dias) (d)	30
Consumo Promedio (u/dias) C	6,10
Desvio de la Muestra (u/dias) (ð)	1,96
Factor de Seguridad	2,33
Costo de la orden de compra	$15

RF	Ks
0,01	2,33
0,02	2,06
0,03	1,88

Lote Optimo (Q) = **700** unidades

Punto de pedido

PP = **209** unidades

Stock de Seguridad

SS = Ks * Sdlt **25** unidades

Tiempo de reaprovisionamiento optimo = **114,79** Dias

VOLVER

Nota: Ejemplo de aplicación práctica para el cálculo del lote optimo por revisión continua.

Fuente: Elaboración propia.

- Periodicidad fija – cantidad variable (Tabla 2): en fechas predeterminadas se examina la posición del stock para decidir un pedido. El espacio que separa dos exámenes de esta posición se denomina "periodo de revisión". Puesto que se determina previamente al momento a pedir, queda por calcular la cantidad.

Tabla 2. Cálculo de lote óptimo de compra período fijo.

PERIODO FIJO (Revision Periodica)

Fecha
13-abr-25

espero x tiempo para realizar el pedido, vencido este plazo no se cual sera las existencias , por lo tanto tendre que tener en cuenta las existencias a la hora de hacer el pedido

Medicamento = **Ampicilina 1g** **CODIGO 8**

Tiempo de Reaprovis	**30**	Días
Tiempo de Entrega	**8**	Días
C Consumo Promedio (u/dias)	6,10	
Desvio de la Muestra (u/dias) (ð	1,96	
Factor de Seguridad (Ks)	2,33	

RF	Ks
0,01	2,33
0,02	2,06
0,03	1,88

Stock de Seguridad (SS)	**28 unidades**
Lote	**260 unidades**

EXISTENCIAS = 50 **Fecha de Revisión** 20-abr-25

LOTE A PEDIR (Q)	**210 unidades**

VOLVER

Nota: Ejemplo de aplicación práctica para el cálculo del lote optimo por revisión periódica.

Fuente: Elaboración propia.

Costos ocultos en inventarios.

La existencia de stocks genera inevitablemente erogaciones necesarias y abarcan una variedad de gastos no tan evidentes que surgen durante la adquisición, almacenamiento y entrega de los insumos para brindar la prestación. Estos costos ocultos según Ibarra Ramírez (2024) pueden incluir desde el deterioro o vencimiento de los insumos hasta los gastos operativos de su gestión, los cuales no se trasladan al precio del producto o servicio. Entre los más importantes encontramos:

- Costos de almacenamiento y capital Inmovilizado: el almacenamiento de insumos implica no solo un costo físico relacionado con el espacio ocupado, sino también un costo de oportunidad. El capital inmovilizado en inventario que no rota eficientemente representa dinero que no está generando rendimiento. De aquí la importancia de implementar sistemas que optimicen las cantidades, el uso del espacio y la rotación de inventario.
- Costo de oportunidad por inventarios obsoletos: la obsolescencia y el deterioro de los productos (vencimiento) son costos ocultos significativos. La permanencia de los insumos en el stock por mucho tiempo puede volverlos obsoletos antes de ser consumidos. Del mismo modo, el deterioro físico por malas condiciones de almacenamiento también representa una pérdida. Establecer un control riguroso de las fechas de caducidad y las condiciones de almacenamiento es esencial. Si aumentamos la inversión en insumos médicos por encima del stock cíclico estamos perdiendo otras alternativas de generar rentabilidad y como consecuencia disminuye el capital de trabajo.
- Costo por faltantes o rupturas de stock: pérdida de ventas y oportunidades debido a la falta de insumos disponibles, lo que puede generar costos en términos de clientes insatisfechos y pérdida de lealtad. En el caso de atención de salud la falta de insumos puede poner en riesgo la continuidad de tratamientos afectando en forma directa la condición y el estado del paciente.
- Costo de manejo de devoluciones: gastos relacionados con la gestión de devoluciones, incluyendo procesamiento, inspección y el reingreso al stock.
- Costos de almacenamiento ineficiente: gastos adicionales derivados de prácticas, como la falta de organización, espacio mal utilizado o la necesidad de reorganizar constantemente.
- Costos por faltas o demoras asociadas con interrupciones en la cadena de suministro que pueden generar costos adicionales para asegurar la disponibilidad el insumo y el inicio o continuidad del tratamiento.

La identificación y el control de los costos ocultos en las compras hospitalarias es de gran importancia porque tienen un impacto directo en la eficiencia operativa, la sostenibilidad financiera y la calidad del servicio que se brinda en una institución de salud. Una mala planificación puede llevar a tener sobrestock, ocupando mucho espacio, con el riesgo de pérdidas por vencimiento, rupturas de stock, derivando en compras urgentes y costosas. Asimismo, gestionar estratégicamente los costos ocultos también impacta positivamente en la seguridad del paciente y en la prestación asistencial. Como se mencionara anteriormente insumos de baja calidad pueden generar fallas, repeticiones de procedimientos o riesgos clínicos. Analizar estos costos en la atención de salud no solo va a aportar mejoras en la gestión y eficiencia en el servicio al paciente, sino que además permitirá tener una visión integral de proceso de abastecimiento de los centros de salud.

Distribución y consumo de insumos médicos

La estandarización de los procesos de atención medica mediante las clásicas normas de diagnóstico y tratamiento, implementada a nivel mundial hace ya muchos años, con el desarrollo de la epidemiologia, la medicina basada en la evidencia y la investigación en los servicios de salud, le han otorgado en la actualidad nuevas dimensiones. Las guías de práctica clínica y protocolos de atención son instrumentos para mejorar la calidad de la atención de las personas. Estandarizan los criterios para su evaluación, basadas en pruebas científicas y se desalienta la utilización de otras intervenciones de efectividad dudosa. La razón principal para la existencia de las guías o protocolos (Vera Carrasco; 2019), es contar con términos de referencia o parámetros que permitan valorar la calidad de la atención que se ofrece. La práctica de atención a las personas es variable, tanto en la utilización de los recursos de salud como en los resultados obtenidos, atribuibles a las diferencias en la oferta de servicios y a la disparidad en la prestación de los mismos. Estas herramientas, permiten resolver este tipo de variabilidad, ya que definen la secuencia, duración y responsabilidad de cada equipo o proveedor, para la atención a las personas; optimizando las actividades del personal de los servicios, en el abordaje de los tratamientos de salud, mejorando la utilización del tiempo, de los recursos y la calidad de la atención.

Una guía de práctica clínica (Campos Miño; 2021) está pensada para obtener resultados clínicos óptimos a través de la estandarización de la práctica médica, minimizar los riesgos para los pacientes y promover una atención costo-efectiva. La información se desarrolla mediante la mejor evidencia científica, aunque puede combinarse con las opiniones de los expertos que participan en el panel. El resultado es un conjunto de enunciados, recomendaciones y algoritmos para asistir al profesional médico en sus decisiones

Por su parte, los protocolos son instrumentos de aplicación, de orientación, eminentemente práctica, que pueden o no resumir los contenidos de una guía de práctica clínica. Los mismos contienen la secuencia de actividades que se deben desarrollar sobre patologías determinadas en un segmento limitado o acotado del dispositivo asistencial. Definen el manejo del cuidado de los pacientes para situaciones o condiciones específicas. Por ejemplo, los protocolos pueden ser escritos para el cuidado de personas con sonda nasogástrica o vesical. El protocolo describirá como realizar los cuidados y el procedimiento detallará como insertar o colocar la sonda. Estos estándares podrían determinar cuán a menudo evaluar al paciente, cómo evaluarlo y qué tipo de tratamiento son necesarios.

Otra herramienta fundamental es la implementación del vademécum interno (Casa; 2024) y se relaciona directamente con la elaboración de un listado de medicamentos y dispositivos que la organización decide utilizar según cada tratamiento o patología. Actuando como una guía para la prescripción y el uso adecuado de medicamentos. Para los médicos, enfermeros, farmacéuticos y otros profesionales de la salud, es una fuente confiable de información para tomar decisiones informadas sobre los tratamientos. Para los pacientes, puede servir como una referencia para entender mejor las prescripciones de la medicación, como debe administrarse y cómo debe tomarse. Esto, evita la diversificación en la compra de los mismos principios activos en diferentes presentaciones, lo cual no representa economía ni eficiencia.

Utilizar un vademécum farmacéutico proporciona varias ventajas, incluyendo: precisión en la dispensación de medicamentos, ayudando a garantizar que se entregue el medicamento correcto en la dosis adecuada; reduce el riesgo de errores de medicación al proporcionar información clara y actualizada; facilita y hace más eficiente la gestión del stock al conocer las presentaciones y formatos disponibles. Con el avance de la tecnología, los vademécums digitales ofrecen una mayor accesibilidad y actualización continua, facilitando el acceso a la información para toma decisiones en los tratamientos médicos.

Desde el punto de vista económico la modalidad de financiación de las prestaciones médicas puede variar dependiendo del tipo de financiador. Por ello, la estandarización de los procedimientos médicos permite la planificación de consumos por tratamientos y por patologías, asumiendo mayor importancia en los convenios donde la modalidad de pago es prospectiva tal como sucede en los modelos capitados o de cartera fija. En tal sentido, la definición de las guías de práctica, los protocolos y vademécums además de considerarse una garantía de buena-práctica, definen las normas de actuación mínima en la atención médica y se los utiliza como herramientas administrativas para control de gasto sanitario.

El modelo PxQ: la gestión estratégica de stocks

Al momento de determinar las ordenes de compras, las mismas van a estar conformadas por dos variables, el precio (P) y la cantidad (Q). Partiendo entonces de la definición tradicional de la importancia en la función de compras, la cual, hace referencia a la obtención de máxima rentabilidad por el dinero invertido, destaca sobre todas las cosas el precio en las operaciones de compra de medicamentos. Su valor afecta directamente la sostenibilidad del sistema de salud, el acceso de la población a los tratamientos y la eficiencia en la gestión de los recursos.

En este sentido el precio de los medicamentos es un factor determinante por varias razones claves:

- Contención del Gasto: Para los sistemas de salud, hospitales, y farmacias, el costo de adquisición representa una parte significativa del presupuesto. Precios más bajos (obtenidos a través de compras conjuntas, licitaciones competitivas, o precios de referencia) permiten un ahorro directo considerable. Por ejemplo, en algunos casos, las compras centralizadas han logrado reducir los precios respecto al precio de venta al público.
- Acceso al Medicamento: El precio es una de las principales barreras de acceso, especialmente para los medicamentos de alto costo o bajo patente. Si el precio es excesivo, los pacientes o el sistema de salud pueden tener dificultades para costear los tratamientos necesarios, comprometiendo la continuidad y la equidad de la atención.
- Reasignación de Recursos: El ahorro generado por una gestión de compras eficiente y precios competitivos puede ser reinvertido en otras áreas cruciales del sistema de salud, como la mejora de la infraestructura, los salarios del personal o la adquisición de otros insumos vitales.

El "modelo PxQ" integra estas variables para el logro de resultados óptimos en el manejo de inventarios, pero pone especial énfasis en la gestión de la cantidad (Q) a través de la planificación. Entendiendo que si podemos gestionar en forma eficiente la cantidad (Q) podremos reducir al máximo los costos ocultos e ineficiencias derivadas de dicha gestión.

Para su implementación el modelo propone trabajar en un proceso de 4 etapas.

1. Definir el vademécum es una actividad de gestión farmacéutica de vital importancia para cualquier institución de salud (hospital, clínica, sistema de salud nacional)

porque estandariza y optimiza el uso de los recursos terapéuticos, impactando directamente en la seguridad del paciente y la eficiencia económica. Un vademécum (o guía farmacoterapéutica en un contexto institucional) no es solo una lista, sino el resultado de un proceso de selección crítica y consensuada entre las áreas médicas y los profesionales farmacéuticos.

Implementar esta herramienta permitirá:

- Optimización del Inventario: Al limitar la variedad de medicamentos a aquellos seleccionados como los mejores, se simplifica la gestión del *stock*. Esto reduce la cantidad de productos diferentes que deben almacenarse, evitando excesos y disminuyendo el riesgo de caducidad.

- Ahorro por Volumen: La reducción de la variedad permite concentrar las compras en menos productos, aumentando el volumen de adquisición de cada uno. Esto otorga un mayor poder de negociación con los proveedores y facilita la obtención de mejores precios (economías de escala).

- Control de Costos: Al seleccionar alternativas terapéuticas de eficacia comparable, pero de menor costo (por ejemplo, medicamentos genéricos o biosimilares), la institución puede gestionar de manera más eficiente su presupuesto sin comprometer la calidad.

- Transparencia en la Compra: El vademécum establece qué se debe comprar, sirviendo de base para los procesos de adquisición y licitación.

2. Definir lo que es importante: Realizar una clasificación ABC y VEN del stock con el fin de identificar los códigos de mayor importancia en cuanto al costo y a los niveles de consumo. La clasificación combinada ABC y VEN del stock de medicamentos es una herramienta de gestión esencial en el ámbito sanitario. Su importancia radica en que permite pasar de una gestión uniforme a una gestión diferenciada y priorizada, asegurando la disponibilidad de los medicamentos más críticos para los pacientes y optimizando la inversión económica. Realizar esta clasificación permite concentrar el tiempo y el esfuerzo de gestión (revisión, almacenamiento, vigilancia) en el pequeño grupo de ítems (Clase A) que representan la mayor inversión y además ayuda a mantener niveles de stock bajos y precisos para los ítems más costosos (A), disminuyendo el riesgo de obsolescencia o caducidad de grandes inversiones. El método del análisis VEN clasifica los medicamentos basándose en su importancia clínica o vital para la atención del paciente, independientemente de su costo, asegurando que los

medicamentos que sustentan la vida (V) y la salud pública (E) tengan siempre la prioridad absoluta en la compra y el almacenamiento

3. Planificación del inventario: resulta necesario establecer mecanismos de seguimiento y control en forma continua o periódica a los fines de determinar el lote óptimo de compra (Q), los puntos de pedidos (PP) y el stock de seguridad (SS) para cada uno de ellos. La planificación de inventarios en el sector de la salud es de importancia crítica, porque se gestionan productos (medicamentos, insumos médicos, dispositivos) que son vitales, perecederos y costosos.

Una planificación deficiente puede tener consecuencias graves tanto para la vida del paciente como para la salud financiera de la institución. Su importancia se resume en tres pilares fundamentales: Seguridad del Paciente, Sostenibilidad Financiera y Eficiencia Operacional. Se evitan de esta manera compras urgentes, el pago de sobreprecios, suspensión de tratamientos médicos, altos costos de inmovilización y manejo de inventarios, y sobre todo las rupturas de stocks.

4. Finalmente, la variable del precio (P) en relación directa con la función de compras, tiene un valor muy significativo determinando una importancia estratégicas y crítica de cualquier institución de salud. Esta actividad se articula directamente con la gestión del precio, pues el resultado de la misma impacta simultáneamente en la calidad de la atención y la sostenibilidad financiera.

   La función de compras debe lograr un equilibrio fundamental entre la máxima Calidad y Disponibilidad (Seguridad del Paciente) y Mínimo Precio Posible (Sostenibilidad Financiera). Si existen ineficiencias al no obtener un precio competitivo, la institución de salud gasta de más y compromete su presupuesto. Si falla al priorizar el precio sobre la calidad, pone en riesgo la seguridad del paciente. Por lo tanto, la habilidad estratégica más importante de la función de compras es su capacidad para negociar, planificar y evaluar el precio sin comprometer la calidad, evitando gastar de más o poner en riesgo la seguridad del paciente

Con todo lo mencionado, la implementación del Modelo PxQ aporta una metodología de gestión estratégica de stocks de insumos médicos, la cual se enfoca en optimizar las órdenes de compra a partir de sus dos variables claves: Precio (P) y Cantidad (Q). Aunque tradicionalmente la función de compras se centró en la rentabilidad (el Precio), el modelo pone un énfasis especial en la planificación de la Cantidad (Q) para reducir al máximo los costos ocultos derivados de la gestión de inventarios.

Principales sistemas de financiación de convenios

Partiendo de la modalidad del presupuesto, muy empleada en el sector público, también se utiliza en aquellos casos en los cuales los financiadores poseen prestadores propios. El presupuesto es la relación económica asistencial que se desarrolla a través de una asignación previa de los valores monetarios de un grupo poblacional determinado. Este sistema posee su propia metodología, la cual, como cualquier otro presupuesto, requiere de una definición ex-ante de las variables que definen las bases de cálculo para establecer los montos a asignar. El modelo de contrato implica que el financiamiento y la provisión de los servicios son funciones que se encuentran separadas. En otras palabras, el financiador contrata a otra organización para que preste los servicios. En este tipo de sistemas, basado en la tercerización de los servicios, se distinguen según Oggier (2012) los sistemas prospectivos como la cápita, el monto fijo y el leasing de camas, de los instrumentos retrospectivos como el pago por acto médico, el módulo y el pago por día:

Los sistemas prospectivos permiten conocer de antemano los montos a ser pagados. Se caracteriza principalmente porque el pago se realiza con independencia de los servicios o actos brindados a los pacientes. En otras palabras, la unidad de pago al ser agregada difiere de la prestación propiamente dicha. Por ende, suele afirmarse que se encuentran disociadas. Una de las principales características es la transferencia de riesgos que efectúa el financiador al gerenciador o prestador, dado que dentro de un valor predeterminado se deben completar todos los servicios que involucren la mejora en la salud. Este tipo de sistemas se clasifican en:

- Pago por cápita y refiere a la relación que considera un valor fijo por beneficiario por mes como contraprestación económica por los servicios brindados, independientemente del uso que efectúen los beneficiarios. Este mecanismo tiene como unidad de pago a la persona inscripta o empadronada.
- Cartera fija o monto fijo, es la relación contractual en la que se establece un valor fijo mensual y específico como contrapartida de los servicios disponibles independientemente del uso que los beneficiarios efectúen o de la demanda prestacional generada. Tiene grandes semejanzas al modelo capitado, diferenciándose de este último por la inexistencia de un padrón de beneficiarios identificados nominativamente, aunque incluya un cálculo global del número de estos.
- Leasing de camas se define como el alquiler de camas de una institución, abonando un valor fijo por cada cama sin considerar si se usan o no. Esto asegura un flujo de ingresos al centro de salud y camas disponibles para al financiador.

Por su parte, los sistemas retrospectivos deben su nombre al desconocimiento del volumen monetario que debe abonar el financiador al prestador hasta tanto se produzca la prestación médica. Un sistema de pago por prestaciones implica pagar por cada acto, claramente identificado, separado y diferenciado. Bajo esta modalidad importan no sólo la cantidad de beneficiarios sino también sus tasas de uso. Así, cuantos mayores sean los consumos, más costoso será el pago que deba enfrentar el financiador al prestador. A diferencia del caso anterior, el riesgo bajo esta modalidad recae en el asegurador y el financiador tiene una menor capacidad para prever el monto de la factura, lo cual dificulta la presupuestación. Seguidamente se describirán las características de los principales sistemas desagregados:

- Acto médico (Fee-for-Service) es la modalidad que comprende el pago de la prestación asistencial individual que el médico brinda al paciente, siendo la forma de pago más desagregada. El nivel de ingresos viene dado por el precio y la cantidad de prestaciones realizadas.
- El pago por módulos se puede definir a partir de la identificación de una patología o prestación central cuyo modo de pago implica la realización de todas las prestaciones que requiera el paciente para devolverle su estado de salud. Este sistema de pago es intermedio entre uno agregado como la cápita y uno desagregado como el pago por acto médico. Bajo este mecanismo, tanto el financiador como el prestador asumen riesgos. El asegurador contrae el riesgo de ocurrencia o frecuencia de la demanda, mientras que el prestador conserva el riesgo de la conducta prestacional, diagnóstica y terapéutica utilizada en la atención.
- Pago por día (per diem) se define como una canasta promedio de servicios que brinda la institución por día a un valor único; para establecer este valor se toma el costo medio de los internados. El determinante del volumen de ingreso para el prestador son las camas ocupadas. Bajo esta modalidad, la institución tratará de agregar la menor cantidad de servicios en la canasta buscando conseguir el mayor precio por la misma. Por otro lado, intentará maximizar la cantidad de canasta-días provistos, sea aumentando el giro cama o la Tasa Media de Permanencia. El pago por día permite una gran predictibilidad si se es capaz de estimar la cantidad de días, al tiempo que transfiere parte del riesgo a la institución. Además, posibilita la confección de canastas a medida, el control de la cantidad de producción estimula la productividad y reduce el incentivo a la sobre prestación, debido a la imposibilidad de hacer ajustes.

Finalmente, los sistemas mixtos o híbridos utilizan dos o más bases de pago, anulando los efectos negativos de cada uno de ellos y potenciando las características benéficas de los mismos. De acuerdo con la literatura que trata sobre los modelos mixtos se incluyen los siguientes sistemas combinados de pago, entre ellos, cápita ajustada por riesgo según las características del afiliado, cápita parcial con determinados servicios por afuera del convenio, en general abonados en forma retrospectiva o por prestación, combinación de pagos por salario con pagos por actos médicos, pagos por actos con techos donde se aplican descuentos o penalidades una vez superados ciertos límites. Dentro de los modelos mixtos, merece consideración especial el Modelo de Retribución Continua, sistema que abona un valor de cápita bajo que se compensa con incentivos predeterminados que incrementan el pago que percibe el prestador. Este sistema, aplicado en todo el país por el Instituto Nacional de Servicios Sociales para Jubilados y Pensionados (PAMI), abona un valor extra cuando los prestadores cumplen con determinados requisitos definidos contractualmente como la calidad de las prestaciones y la disponibilidad de información (tasas de uso).

Dentro de esta clasificación encontramos que el financiamiento en el sector de salud argentino se realiza a través de presupuestos como en el caso del sector público, el pago por cápita y módulos como el caso de las obras sociales provinciales y la retribución continúa como forma de pago de la obra social nacional. El volumen de afiliados de estos convenios marca una gran dependencia por parte de los prestadores de salud de estas modalidades contractuales, en las cuales, resulta fundamental el control del consumo, debido a que el pago en estas formas de convenios el valor del medicamento y el material utilizado está incluido en el monto total abonado. Aún en los modelos retrospectivos por acto médico resulta fundamental el control de los insumos y precios facturados, ya que los mismos están sujetos a débitos por parte de organismo financiador.

Teniendo en cuenta los datos analizados por el Índice de Precios de Medicamentos Hospitalarios en referencia a los aumentos de costos de los insumos médicos, en modelos mixtos y prospectivos se traslada el riesgo al prestador - efector y como consecuencia disminuye la rentabilidad de esto contratos hasta en algunos casos volverlos negativas. Esta situación es una de las principales causas de la crisis del sector, que ha derivado en aranceles retrasados y aumento sostenido de los costos de atención. De aquí la importancia del control de las prescripciones médicas, con la implementación de las guías clínicas y protocolos para estandarizar y racionalizar el uso de insumos.

Impacto de las tecnologías de la información

Independiente del contexto económico es posible hacer una gestión de compras y del stock más eficiente, y para construir la estrategia del uso de tecnologías resulta clave. Por supuesto que el grado de implementación dependerá de los costos asociados a las mismas y de los beneficios que las mismas aportan.

Actualmente, existen herramientas que ayudan a entender el flujo de insumos, las estacionalidades, tiempos de entrega, precios más favorables, qué plazos de pago se negocian, cuáles son los productos más demandados según el área, entre otros.

En Argentina la tecnología actual de los sistemas o plataformas de compras permiten ampliar la red de proveedores (Bionexo®, Portada Salud®) y contactos estratégicos en el proceso de suministro. Así mismo, posibilitan procesar grandes volúmenes de datos en pocos minutos, analizando la información y realizando proyecciones para tomar mejores decisiones. De igual forma, la innovación entrega nuevos métodos para incrementar exponencialmente la eficiencia y ahorro de costos en los procesos de inventario a través de tecnología integrada de software y hardware. Estos sistemas permiten además desarrollar sistemas de compras conjunta entre varios efectores de salud, con el fin de mejorar los precios de los insumos, disminuir costos de envíos, aumenta el poder de negociación y fomentar la colaboración entre pares.

Actualmente, muchas funciones tradicionales de la función de compras hospitalarias pueden ser llevadas adelante a través del uso de tecnologías de información. Mejorando la eficiencia en la gestión de compras, optimizando los tiempos del proceso, brindando más transparencia y mayor control para la toma de decisiones en tiempo real.

Las soluciones digitales (Bionexo; 2025) en materia de compras son de rápida implementación, poseen una interfase amigable y demandan un costo de accesible, permitiendo a las instituciones de salud comprar todo tipo de insumos con una amplia comunidad de proveedores. Reduciendo costos, tiempos y optimizando las rutinas operativas y de gestión. Estas alternativas generan mayor competitividad aportan una gran cantidad de beneficios como mejores posibilidades de negocios con resultados rápidos y totalmente mensurables, convirtiéndose en una solución que monitorea todos los procesos realizados y que pueden ser consultados en cualquier momento. Asimismo, también permite generar información para el análisis y una rápida y mejor toma de decisiones, dándole seguridad, transparencia y agilidad al proceso de compra. La implementación de estas herramientas permiten la reducción de las compras de emergencia, evitando costos financieros elevados de gestión, a través de una "planificación de la cantidad del lote en forma automatizada" combinando, modelos predictivos, inteligencia artificial y colaboración con los proveedores.

Por su parte según Blanch Comes (2021), las herramientas de planificación de recursos empresariales (ERP, Enterprise Resource Planning) permiten gestionar y optimizar los procesos de la organización con funcionalidades orientadas a la facturación, la planificación de las compras, el control del stock y la gestión de consumos o entrega de insumos. Facilitando además el acceso a la información en forma inmediata desde donde se necesite y con el formato adecuado, lo cual permite la toma oportuna de decisiones y disminución de los costos operativos.

En otros países existen además herramientas corporativas que también están integradas en los procesos logísticos en distintos ámbitos de dispensación de insumos médicos, tales como MDIS®, ORION CLINIC®, etc. Los cuales integran el sistema de información clínico asistencial y tiene como objetivos avanzar en la interoperabilidad entre hospitales y centros de salud, así como mejorar la atención al paciente, incrementar la eficacia del proceso asistencial y facilitar la continuidad de cuidados.

Existen otros sistemas para la Gestión de Almacenes (SGA), que podríamos definirlos como un subsistema de información que ayuda en la administración del flujo del producto y el manejo de las instalaciones y equipos (sistemas automatizados de dispensación) en la red logística. Los SGA están integrados con el ERP en los distintos elementos del proceso logístico y abarcan, el mantenimiento de los datos maestros, la recepción, el almacenamiento, la administración de inventarios o la preparación de pedidos, control del nivel de stock, el control de fechas de vencimiento, la gestión del inventario a tiempo real, la gestión de la trazabilidad, y la planificación de las actividades dentro de los almacenes. A todo ello, se suman a los sistemas de gestión, los sistemas automatizados de dispensación (SAD) como son Pyxis®, Omnicell®, Kardex®, Rowa®, Aposthore®, etc. Los cuales aportan beneficios derivados de la robotización, a través de la optimización del tiempo que ocupa el farmacéutico en la búsqueda y entrega del medicamento, aprovechamiento del espacio físico, mayor dedicación en la atención al paciente y la optimización del inventario del stock, permitiendo mantener un inventario continuo y una mejora en la gestión los costos ocultos y de su caducidad.

Finalmente, resulta importante destacar el beneficio en la práctica profesional en comparación con la práctica habitual, corresponde al aumento del tiempo dedicado al manejo de pacientes, definición de tratamientos, la relación entre especialistas y del equipo encargado de asistir al paciente (enfermería, profesionales médicos, farmacéutico, técnicos, etc.).

Conclusiones

A pesar de la existencia de diferentes sistemas de costos y herramientas de control de gestión, los prestadores de salud en Argentina presentan un significativo desconocimiento y escasa utilización de dichos elementos para la toma de decisiones. Las distintas variables que afectan la falta de uso de estos sistemas por los motivos antes mencionados generan importantes debilidades al momento de: negociar aranceles, controlar el presupuesto, definir precios, medir el rendimiento de servicios, con un total desconocimiento del costo de prestación. Independientemente de dónde provengan los fondos, todos los sistemas de salud públicos y privados necesitan recursos para ser financiados. A la situación actual del sector conformada por la ausencia de políticas de salud, la inestabilidad económica, la inflación, el elevado endeudamiento y el retraso arancelario se suma la falta de herramientas y líderes en la materia. Consecuencia de ello, innumerable cantidad de prestadores han tenido que cerrar sus puertas. La gestión ineficiente de recursos tanto a nivel público como privado ha derivado inevitablemente en la pérdida de camas de internación y el menor acceso a la atención de la población. El sector salud, no ha sabido posicionarse en el lugar estratégico que merece, como derecho de la población, no solo por la accesibilidad sino por la calidad de los servicios que se brindan. Esta situación se ve agravada por aquello que tampoco se mide, los costos de no calidad, incrementando las ineficiencias en el uso de recursos y elevados riesgos en la atención de los pacientes. Por tales motivos, el uso de los sistemas de gestión resulta de vital importancia, volviéndose indispensable la implementación de los programas de calidad para trabajar en los costos ocultos del proceso de atención. Por todo ello, y más allá de los problemas estructurales y del contexto actual del sector, quienes hayan caído dentro de este triángulo, caracterizado por la ausencia, utilización inadecuada de los sistemas de costos y por la falta de control de las ineficiencias, no han podido subsistir sin atravesar dificultades económicas, derivando en que muchos prestadores se vean obligados a cerrar sus puertas. En el caso del sector público esta gestión basada en la intuición, determina que los presupuestos se asignen de acuerdo a lo que se gastó el año anterior y no según las necesidades reales o la productividad de cada área.

Ahora bien, para llevar la teoría a la práctica y sortear los desafíos que presenta el sector salud, la ecuación sugerida es el uso de herramientas de administración de los recursos, a través de la implementación de sistemas de costos y la gerencia estratégica de la materia prima del servicio, el stock de insumos médicos. Adaptarse a estas prácticas no solo permitirá mantener la calidad del servicio, sino optimizar costos, mejorar la eficiencia operativa y asegurar la sostenibilidad de las instituciones de salud.

De aquí la importancia de la implementación de la planificación a través del “modelo PxQ”, el uso de las tecnologías de información y la estandarización de las salidas o del consumo de los insumos médicos.

El impacto de la inflación de precios, el aumento de los costos de los insumos, la creciente demanda de servicios, el avance constante de la ciencia médica y la limitación de los recursos financieros, hace que el manejo eficiente de los costos y de los inventarios revista una importancia significativa para garantizar la eficiencia, la equidad y la seguridad del paciente en los centros de salud sean estos públicos o privados. No se trata simplemente de adquirir y distribuir insumos médicos sino de implementar procesos integrales que aseguren su selección, uso racional, almacenamiento, distribución y seguimiento clínico adecuado.

Uno de los aspectos más relevantes es la garantía del acceso a la atención y disponibilidad de los medicamentos esenciales, a través de la cual es factible abordar situaciones de desabastecimiento o de faltantes de stock en insumos que podrían significar la interrupción de tratamientos críticos, poniendo en riesgo la salud de los pacientes. Por tales motivos, la planificación estratégica permite anticipar necesidades, evitar rupturas de stock y asegurar el suministro continuo de mismos, identificar oportunidades de ahorro, evitar compras innecesarias y prevenir el desperdicio por vencimientos o mala conservación. Además, promueve procesos de adquisición transparentes, basados en criterios de eficacia, seguridad y costo-beneficio.

Por otro lado, la optimización de los recursos económicos representa una prioridad ineludible. Los medicamentos e insumos constituyen uno de los componentes más costosos del gasto sanitario, deberemos analizar entonces cuáles son los modelos de financiación de los contratos e implementar los mecanismos necesarios para la estandarización del consumo y la prescripción médica. Promoviendo su uso racional, por medio de guías clínicas y protocolos, para que los pacientes reciban los medicamentos apropiados según sus condiciones clínicas, en las dosis correctas, durante el tiempo indicado y al menor costo posible.

En este proceso un aspecto cada vez más relevante es el uso de las tecnologías de la información, a través de sistemas de compras, sistemas de manejo de inventarios, los registros electrónicos de salud, software de gestión farmacéutica, bases de datos de consumo y plataformas de trazabilidad que permiten automatizar procesos, reducir errores y facilitar el análisis de grandes volúmenes de datos. Gracias a estas herramientas, es posible llevar un control en tiempo real del inventario, hacer seguimiento de la prescripción y dispensación de medicamentos, mejorar la toma de decisiones clínicas y administrativas. La implementación de estas herramientas no solo agiliza los procesos, sino que también aumentan la transparencia, la eficiencia operativa, disminuye los costos ocultos y mejora la calidad de la atención sanitaria.

Todo lo mencionado deberá tener como base la figura del responsable y líderes para la capacitación del personal en el uso de los sistemas de información y en la mejora continua de los procesos de manejo de inventario. Un equipo bien entrenado puede identificar rápidamente áreas de ineficiencia y tomar medidas correctivas para la reducción de los costos ocultos.

En conclusión, la gestión estratégica de los sistemas de costos y control de stocks en el sector salud es fundamental para el buen funcionamiento de las instituciones efectoras del servicio. Su correcta implementación garantiza el acceso a tratamientos adecuados y también contribuye al uso eficiente de los recursos, fortaleciendo la calidad y la sostenibilidad del sistema sanitario. En este contexto, habiendo evaluados los costos y la inversión que demanda su implementación, el aprovechamiento de las tecnologías se convierte en un aliado indispensable para optimizar la administración, mejorar los resultados y responder de manera efectiva a los nuevos desafíos del sector salud.

A lo largo del presente trabajo, hemos navegado las complejidades y los desafíos persistentes que aquejan al sector de la salud. Remarcando que, a pesar de los esfuerzos, la sostenibilidad y la eficacia de las organizaciones sanitarias siguen siendo vulnerables sin una gestión adecuada y moderna. Se hace imperativo un cambio de paradigma que trascienda la simple reacción a los problemas. Han pasado muchos años sin encontrar una solución definitiva a la problemática del sector, de aquí la importancia del rol de los profesionales encargados de la administración de estas instituciones. Los líderes que impulsen el cambio, con formación en áreas como la salud o en ciencias económicas, deberán ser responsables de concientizar sobre la importancia e implementar el uso de los sistemas para la toma de decisiones.

Pasar de la queja a la acción, la solución a las deficiencias del sector no se encuentra en seguir realizando nuevos diagnósticos, sino en transformar la gestión adoptando una postura decididamente proactiva. Quienes deber impulsar el cambio decisivo, deberán sentar las bases en la gestión profesional de los efectores, como el pilar innegociable del futuro de la salud.

Referencias bibliográficas

Arcila, L.G. (2003). *Costos hospitalarios y grupos relacionados de diagnóstico*. Medellín: Editorial Hospital San Vicente de Paul.

Balanda, A. T. (2005). *Contabilidad de costos. - 1a ed.* Posadas: EDUNAM. Editorial Universitaria de las Universidad Nacional de Misiones.

Bionexo. (2025). *Índice de precios de medicamentos para hospitales. FIPE (Fundación Instituto de Pesquisas Económicas)*. Recuperado el 3 de abril de 2025 de https://pages.bionexo.com/ipm-h-argentina

Bionexo. (marzo 2025). *Soluciones digitales para las instituciones de salud.* Disponible en: https://ar.bionexo.com/soluciones/para-compradores/bionexo/

Blanch Comes, J. (2021). Gestión logística. Dispensación de medicamentos. Optimización de almacenes e inventarios. Trazabilidad. *Curso on line actualización en procesos transversales de la farmacia hospitalaria.* Valencia.

Campos Miño, S. (2021). La importancia de los consensos y guías clínicas en la práctica médica. *Metro Ciencia*, *29*(3), 3–4. https://doi.org/10.47464/MetroCiencia/vol29/3/2021

Cartier, E. N., & Osorio. M. (1992). *"Teoría General del Costo. Un marco necesario"*. Evento Científico Contabilidad, Finanzas y Auditoria en el Proceso de Integración Iberoamericana, Ciudad de La Habana, Cuba. Disponible en: http://apps.econ.unicen.edu.ar/sitios/costos/wp-content/uploads/2016/03/TGCMarco-Necesario.pdf

Casa, T. (agosto 2024.) *¿Qué es un vademécum y por qué es importante en la industria farmacéutica?*. Disponible en: https://extendeal.com/

Dueñas Ramia, G (2002). *La Dirección de Hospitales por Productos: Nuevas Metodologías de Cálculo y Análisis de Costos.* En el XXV Congreso Argentino de Profesores Universitarios de Costos (IAPUCO), Ciudad de Buenos Aires

Duque Roldán, M., Gómez Montoya, L., Osorio Agudelo, J. (2009). XI Congreso Internacional de Costos y Gestión. XXXII Congreso Argentino de Profesores Universitarios de Costos. *Análisis de los sistemas de costos utilizados en las entidades del sector salud y su utilidad para la toma de decisiones.* Trelew

García Cornejo, B. (2006) Benchmarking en Hospitales Públicos a partir de la Información Suministrada por la Contabilidad de Costes. *Revista de Contabilidad: Spanish Accounting Review.* Vol. 9, 55 – 80

Giménez, C. M. y colaboradores. (1995). *Costos para empresarios.* Buenos Aires. Ediciones Macchi. pag. 12

Ibarra Ramirez, L. (marzo 2024). *Costos ocultos en inventarios.* Recuperado el 15 de marzo de 2025 de https://www.linkedin.com/pulse/costos-ocultos-en-inventarios-luis-carlos-ibarra-ramirez-wwtie/.

Iglesias, A. (2016). *Distribución y logística.* España: ESIC Editorial. p. 64

Instituto Internacional de Costos. (s.f). *Sistema de Costeo ABC versus Costeo Tradicional como herramientas estratégicas para la determinación del correcto margen de los productos de empresas multiproductoras y en el apoyo al control de gestión de actividades.* IIC. https://intercostos.org/documentos/congreso-08/300.pdf

Feigenbaum, A.V. (1991). *Total quality control.* 3ra ed. McGraw-Hill. New York

Feigenbaum, A.V. (1999). *La nueva calidad para el siglo XXI. The TQM Magazine*, vol. 11 núm. 6, págs. 376-383

Jiménez Boulanger, F., Espinoza Gutiérrez, C. L. (2007). *Costos industriales.* Colombia: Instituto Tecnológico de Costa Rica. p. 389

Lumsden, C. (marzo 2025). *9 estrategias para reducir el exceso de stocks*. Disponible en: https://www.slimstock.com/es/blog/exceso-stock/

Martínez Moya, E. (2007). *Gestión de compras*. España: Fundación Confemetal. p. 7

Ministerio de Justicia de la Nación (2002). *Emergencia Sanitaria Nacional.* Decreto 486/2002.

Ministerio de Salud (2022 – 2023). *Índice de costos de salud.* https://www.argentina.gob.ar/indice-de-costos-de-salud-historico-anos-2022-2023.

Ministerio de Trabajo. *Convención Colectiva de Trabajo 122/75. Sanidad. Clínicas, sanatorios y hospitales privados*. 1975

Nora, A., Rosario, A. (1997) Serie Medicamentos Esenciales y Tecnología. 5.2. *Guía para el Desarrollo de Servicios Farmacéuticos Hospitalarios. Logística del Suministro de Medicamentos.* Consultora en Servicios Farmacéuticos. OPS/OMS, Honduras, 2-3.

Oggier, G. (2012). Modelos de contratación y pago en salud: ¿integración vertical o tercerización de servicios? 1a ed. *Fundación Sanatorio Güemes.* Buenos Aires

Pau i Cos, J., Navascués y Gasca, R. (2001). *Manual de logística integral*. España: Díaz de Santos. p. 169

Santamaría Benhumea, A.M., Herrera Villalobos, J.E. Sil Jaimes, P.A., Santamaría Benhumea, N.H., Flores Manzur, M.Á., del Arco Ortiz, A. (2015). *Estructura, sistemas y análisis de costos de la atención médica hospitalaria, Unidad de Investigación, Hospital Materno Perinatal Mónica Pretelini Sáenz*, Toluca, Estado de México, México, *Hospital General de México Dr. Eduardo Liceaga*, México, D.F., México

Vera Carrasco, O. (2019). Guías de atención, guías de práctica clínica, normas y protocolos de atención. *Revista Médica La Paz*, *25*(2), 70-77.

www.ingramcontent.com/pod-product-compliance
Lightning Source LLC
LaVergne TN
LVHW051130210926
848482LV00001B/41